I0822039

Erasmus von Rotterdam (1466/67–1536) zählt zu den noch heute weitherum bekannten Humanisten. Das hat gute Gründe, war er doch einer der bedeutendsten Publizisten seiner Zeit. Mit seiner griechisch-lateinischen Ausgabe des Neuen Testaments und seinen Bibelkommentaren und -auslegungen übte er eine kaum zu überschätzende Wirkung auf das damalige wie auch auf das spätere christliche Denken aus. Er beeinflusste Philosophen, Politiker, Literaten, Juristen, Pädagogen, Künstler und Musiker unterschiedlichster Richtung. Das Spektrum der Themen, mit denen er sich auseinandersetzte, ist breit: Krieg und Frieden, Politik und Menschenwürde, Rechtsprechung und Rechtsphilosophie, Kirchenmusik und Predigtlehre, Frömmigkeit und Lebensweisheit, Stilkunde und zivilisiertes Benehmen, Ehe-, Frauen- und Erziehungsfragen. Erasmus prägte mit seinen Gedanken die Geistesgeschichte bis in unsere Tage.

Die Erasmusspezialistin Christine Christ-von Wedel führt mit leichter Feder in die Persönlichkeit ein, in das reiche und vielschichtige Denken des großen Humanisten und in die Kämpfe und Sehnsüchte des Zeitalters der Reformation. In seinen Cartoons lässt Albert de Pury die unterschiedlichen Ideen von Erasmus und Luther aufeinanderprallen.

Christine Christ-von Wedel, geb. 1948 in Reinbek bei Hamburg, studierte in Hamburg und Basel allgemeine Geschichte, Kirchengeschichte und Philosophie und doktorierte in Basel über Erasmus von Rotterdam. Sie trat international mit zahlreichen Erasmusstudien und kirchengeschichtlichen Veröffentlichungen hervor. Sie ist Research Fellow des Instituts für Schweizerische Reformationsgeschichte der Universität Zürich und der Theologischen Fakultät in Basel. 2015 erhielt sie den Wissenschaftspreis der Stadt Basel.

Albert de Pury, geb. 1940, aufgewachsen in Basel, lehrte an den Universitäten Neuenburg und Genf Altes Testament und ist Ehrendoktor der Universitäten Zürich und Budapest. Er hat sich nicht nur einen Namen als Exeget und Spezialist für altorientalische Geschichte, sondern auch als Karikaturist gemacht.

Christine Christ-von Wedel

Erasmus von Rotterdam

Ein Porträt

Mit Cartoons von Albert de Pury

Schwabe Verlag Basel

Schwabe reflexe 45
2. Auflage 2017

Lektorat: Regina Langensteiner, Schwabe
Umschlaggestaltung: Heike Ossenkop, h.o.pinxit //editorial design, Basel
Schrift: entworfen zum Erasmusjubiläum 2016 von Katharina Wolff (recte angelehnt an Frobens Drucktypen, kursiv an Erasmus' Handschrift)
Gesamtherstellung: Schwabe AG, Muttenz/Basel, Schweiz
Printed in Switzerland
ISBN Printausgabe 978-3-7965-3687-8
ISBN eBook (PDF) 978-3-7965-3688-5

rights@schwabe.ch
www.schwabeverlag.ch

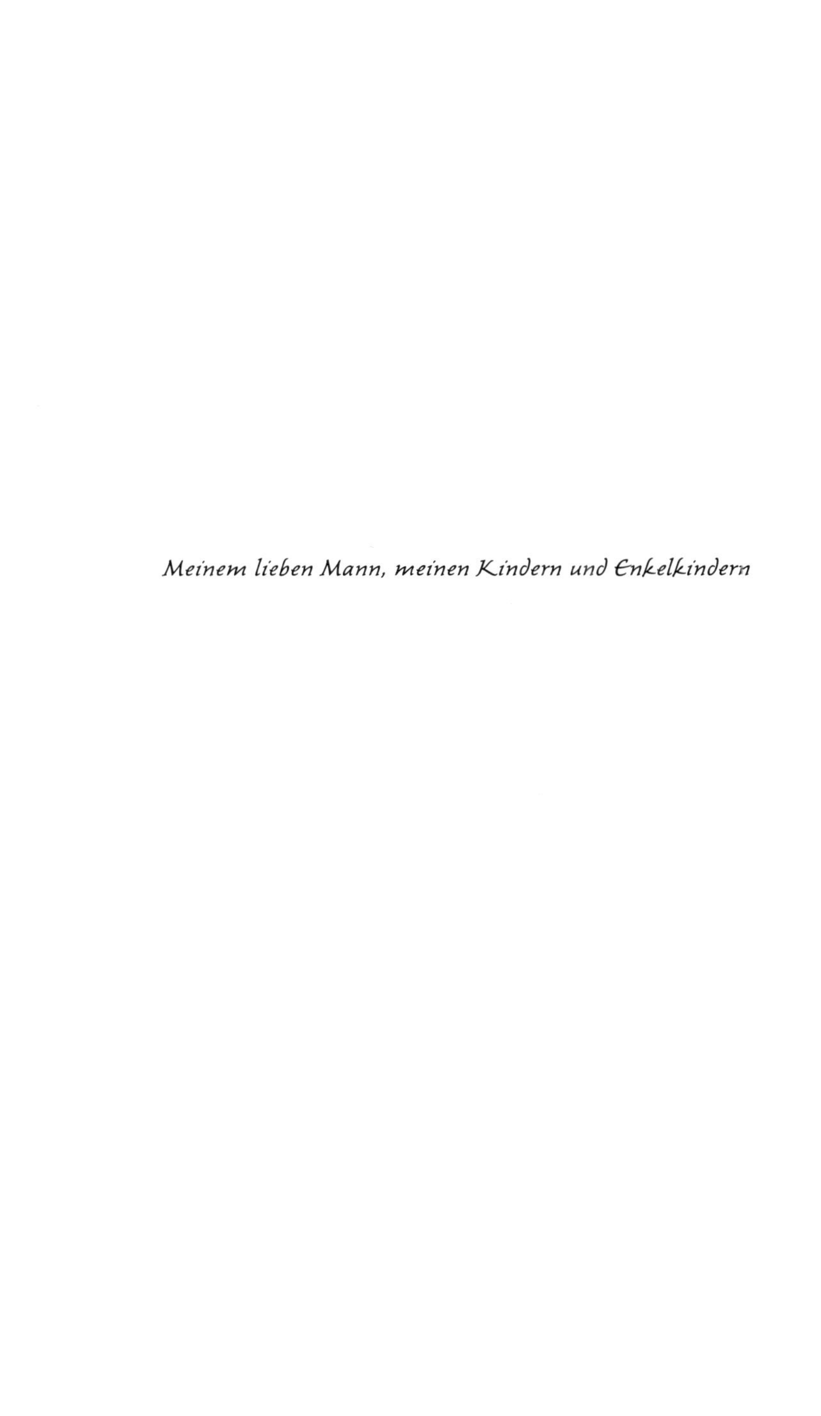

Meinem lieben Mann, meinen Kindern und Enkelkindern

Inhalt

Vorwort

Nach Jahrzehnten intensiver Beschäftigung mit Erasmus von Rotterdam die eigenen Forschungen in einem Bändlein zusammenfassen und passend zum Spötter Erasmus ernsthaft und scherzhaft zugleich in Leben und Werk des bedeutenden Bibelhumanisten einführen zu können, ist eine große Freude. Dafür danke ich dem Cartoonisten Albert de Pury und dem Schwabe Verlag, insbesondere der Co-Verlagsleiterin, Frau Marianne Wackernagel. Sie hat durch Vorgespräche das Büchlein mitgeprägt. Albert de Pury behandelt das Verhältnis vom Reformator Martin Luther und Erasmus mit seinen Karikaturen. Die beiden Männer, die die Neuzeit bis in unsere Tage beeinflussten, sind sich persönlich nie begegnet, wechselten aber zunächst höfliche, dann zunehmend von Polemik und Hass überschattete Briefe und Streitschriften. Dabei verband die beiden vieles. Beide beschäftigten sich ihr Leben lang mit der Bibel, beide widmeten ihr Streben einer sehnlichst gewünschten Reform von Kirche und Gesellschaft, und beide verfügten über eine ausgesprochene Sprachbegabung und über eine hohe Intelligenz. Aber der Gegensatz ihrer Charaktere entzweite sie. Ihn hat Albert de Pury zum Thema seiner Cartoons gemacht, weist dieser Gegensatz doch auf die besonders hervorstechenden und zukunftsträchtigen Merkmale in Erasmus' Werk hin.

Ein weiterer Dank geht an die Vorableser Isabelle Ackermann, Wiltraud Entress, Marcel Henry und Stephanie Zellweger sowie die Lektorin Regina Langensteiner. Sie lieferten wertvolle Hinweise und merzten Tippfehler aus.

Das Buch, das einem breiten Publikum zum Erasmusjubiläum 2016 den großen Humanisten nahebringen soll, war von Anfang an mit Cartoons geplant. Meine Arbeit daran begann im September 2013 mit einem kleinen Vortrag für die Freunde des Klingentalmuseums in Basel. Er bildet den Grundstock des Buches. Wie von selbst zog der Vortrag weitere meiner Texte an sich (die benutzten sind im Anhang aufgelistet) und regte mich an zu neuen Forschungen, neuer Erasmuslektüre und neuen Übersetzungen ganzer Passagen aus dem Lateinischen. Sollte doch Erasmus selbst reichlich zum Sprechen kommen. So entstand dieses kleine Alterswerk, das ich nun vertrauensvoll in die Hände des Schwabe Verlages lege. Als leidenschaftliche Historikerin schreibe ich gern Bücher, aber noch nie hat mir das Verfassen eines Buches so viel Freude gemacht wie dieses. Möge es auch die Lesenden anregen und erfreuen!

Basel, im September 2015

Vorwort zur 2. Auflage

Die zweite Auflage enthält nur einige wenige Korrekturen gegenüber der ersten. Sie betreffen insbesondere die Studienzeit von Erasmus in Paris, spätere Ausgaben des Neuen Testamentes von Erasmus und Druckfehler in den Anmerkungen. Ich danke Erika Rummel, Henk Jan de Jonge und Edgar Kellenberger für entsprechende Hinweise.

Die politische Lage zu Beginn des Jahres 2017, ein Jahr nach dem ersten Erscheinen dieses Buches, schreit geradezu nach den Einsichten des Erasmus, des grossen Rufers nach Frieden und Duldsamkeit: Er mahnte, stets eingedenk der Grenzen unserer menschlichen Vernunft, andere Meinungen nicht zu verteufeln. Aber er forderte auch, die eigene Vernunft durch Bildung ein Leben lang zu fördern und sie einzusetzen. Kritisch gelte es, alles zu prüfen. Eine Sachlage sei von verschiedenen Seiten zu betrachten, wobei auch der Aspekt der Ewigkeit nicht zu vergessen sei. Alle Umstände sollten mit einbezogen werden und dabei sei der einzelne Mensch nie aus den Augen zu verlieren. Dies sollte bei allen Entscheidungen das wichtigste Kriterium sein: Das Wohl des einzelnen von Gott geschaffenen und geliebten Menschen, welcher Nation oder Religion er auch angehöre.

Basel, im Februar 2017

Christine Christ-von Wedel
Albert de Pury

I Die Jugend – Niederlande

Erasmus war der zweite uneheliche Sohn eines Priesters und einer Arzttochter. Er litt unter seiner illegitimen Geburt und vertuschte sie, so gut es ging. Dazu erfand er eine romantische Geschichte: Seine Eltern hatten sich heimlich verlobt; die Familie aber verwehrte dem Vater die Heirat, weil er Priester werden sollte. Verzweifelt verließ der junge Mann die Verlobte und ging nach Rom, wo er sich als Schreiber durchbrachte. Die Braut blieb mit Erasmus schwanger zurück. Dem Bräutigam schrieb die Familie, sie sei gestorben. In seiner Trauer weihte er sein Leben Gott und wurde Priester. Zu spät erkannte er seinen Irrtum.[1] So die Geschichte, es fehlte Erasmus also nicht an Sinn für Dramatik, und er konnte Emotionen wecken, aber es fehlte ihm offenbar an Selbstbewusstsein. Standen doch andere Bastarde offen zu ihrer illegitimen Geburt, denn in weiten Kreisen galten in der Frühen Neuzeit gerade sie als besonders lebenstüchtig und begabt. Papstbastarde und Bastarde von Fürsten gelangten zu Ehre und Ruhm und standen stolz zu ihrer Herkunft, aber auch Priestersöhne verleugneten sie oft nicht.[2] Anders Erasmus. Er täuschte seine Zeitgenossen über seine Geburt, obwohl er von sich behauptete: *Meine Gemütsart war treuherzig; so sehr schreckte ich vor einer Lüge zurück, dass ich schon als Junge Lügner hasste und als alter Mann bei deren Anblick sogar körperlich reagiere.*[3]

Erasmus liebte Klarheit

Die Geschichtsforschung überführte ihn jedoch der Lüge (er war nachweislich der zweite Sohn des Paares), dennoch ist diese Selbstbeschreibung ernstzunehmen. Erasmus war ein offener Mensch und liebte Klarheit. Alles Dunkle war ihm zuwider. Mit Geheimlehren oder Geheimbünden konnte er nichts anfangen. Er verhöhnte Alchemie, Magie und Astrologie in einer Zeit, in der die Hermetik ihre größten Erfolge feierte. Magische Denkmuster beherrschten die Naturwissenschaft, und auch gefeierte Theologen und Reformatoren wie Martin Luther und Philipp

Melanchthon blieben in ihnen gefangen, betrieben Astrologie und glaubten Erzählungen von Hexerei.[4] Erasmus dagegen machte sich darüber lustig und erklärte etwa in einem *Colloquium* von 1531: *Es gibt solche, die ihr Glück in magischen Künsten oder in den Sternen suchen. Ich glaube indessen, es gibt nur einen sicheren Weg zum Glück: Meide eine Lebensweise, von der man durch seinen unerklärlichen natürlichen Sinn zurückschreckt, und wende dich dem zu, was anzieht, ausgenommen irgendetwas Schändliches!*[5] Die kabbalistischen Geheimlehren, die in seiner Zeit mit ihren vermehrten Hebräischkenntnissen unter den Gelehrten immer beliebter wurden, waren ihm – wie übrigens auch dem Reformator Martin Luther[6] – zuwider. Er lehnte sie aber anders als Luther nicht nur aus theologischen Gründen ab, sondern auch weil sie ihm zu unklar waren: Sie sind *schauerliche Fabeln, die über alles eine Art Nebel verbreiten: Talmud, Kabbala, Tetragrammaton, Portae Lucis sind nichts als leere Wörter*, erklärte er kühn.[7]

Erasmus liebte Klarheit, genauso wie er als ängstlicher Hypochonder Sauberkeit schätzte und forderte. Über schmuddelige Gasthäuser in deutschen Landen, wo oft alle eng gedrängt in der Gaststube beieinandersaßen, konnte er sich nicht genug erregen. Die Bettwäsche werde nicht gewechselt und das Wasser zum Händewaschen sei so dreckig, dass man neues verlangen müsse, um die Pisse wieder abzuwaschen.[8] Er lamentierte:

> *Mir scheint nichts gefährlicher, als wenn so viele Menschen dieselbe Luft einatmen, besonders wenn sie schwitzen und wenn sie dort* [im gleichen Raum] *noch essen und mehrere Stunden lang bleiben. Nicht zu reden von den Knoblauchrülpsern, den Blähungen und den stinkenden Ausdünstungen. Es gibt viele, die an geheimen Krankheiten leiden, und es gibt keine Krankheit, die nicht auf ihre Art ansteckend wäre. Sicher ist, dass viele die spanische oder wie andere sie nennen, die französische Seuche* [die neu sich im 16. Jahrhundert von Amerika her rasch in Europa ausbreitende Syphilis] *haben, die allerdings unter allen Völkern grassiert. Von solchen Kranken droht, meine ich, keine kleinere Gefahr als von Aussätzigen. Welche Bedrohungen die Pest bringt, weißt du selbst.*[9]

In einem anderen *Colloquium*, das ebenfalls die Syphilis thematisierte, ging Erasmus in seiner Angst vor Ansteckung gar so weit, einen Dialogteilnehmer an Euthanasie denken zu lassen, um die Krankheit auszurotten, zumindest sollten die Syphiliskranken wie Aussätzige aus der Gesellschaft der Gesunden ausgeschlossen werden.[10] Dagegen lobte Erasmus die französischen Gasthäuser: *Dort gab es immer einige lachende, scherzende und lustige Mädchen. Ungebeten fragten sie, ob wir schmutzige Wäsche hätten. Sie wuschen sie und gaben sie schön sauber zurück. Was soll ich noch sagen?* [...] *Die Abreisenden umarmen und verabschieden sie so herzlich, als ob sie alle Brüder und nahe Verwandte wären.*[11]

Erasmus wollte Reinheit und Klarheit für Körper und Geist, zugleich aber war er ein Meister der Zweideutigkeit. Gern ließ er die Dinge, insbesondere Glaubensfragen, in der Schwebe. Seine Leser damals und heute wissen zwar meistens sehr genau, wofür er stand und was er meinte; oft meinte er allerdings im Gegensatz zu den meisten seiner dogmatisch festgelegten Zeitgenossen, es sei besser, Fragen offen zu lassen. So sehr er seine illegitime Geburt vertuschte und das Andenken an seine Eltern, die er in früher Jugend verlor, durch eine rührselige Geschichte zu ehren suchte, er war kein verlogener Mensch. Aber er war schüchtern: Eine *mädchenhafte Scham* habe ihn gehemmt, gestand er.[12]

Diese Scham wird ihn gehindert haben, selbstbewusst zu seiner illegitimen Geburt zu stehen. Sie mag auch den Schüler, der später mit seinem phänomenalen Gedächtnis so leicht lernte, im Klassenverband behindert haben. Jedenfalls hat Erasmus seine eigene Schulzeit als verlorene und unglückliche Zeit beschrieben. Die zeitgenössische Pädagogik, die Lehrern empfahl, den Willen der Kinder mit Schlägen zu brechen, mag das Ihrige dazu beigetragen haben.

Erasmus beschrieb später drastisch, wie es zu seiner Zeit in den Schulen zu- und herging, in denen man sich an den alttestamentlichen Spruch: *Wer die Rute spart, der hasst seinen Sohn* [Spr. 13,24] hielt. *Du wirst sagen: Das ist gar keine Schule, das ist eine Folterkammer, in der außer dem Aufschlagen des Stockes, dem Sausen der Rute, dem Heulen, Geächze und den Schreien brutaler Misshandlung nichts zu hören ist.*[13] Erasmus selbst hatte damit schlimme Erfahrungen gemacht. Einer seiner Lehrer habe ihn unter einem erst noch erfundenen Vorwand lange geschlagen, um seinen Willen zu brechen. Das habe ihm jede Freude am

Lernen vergällt und ihn in eine tiefe Schwermut gestürzt, er wäre darüber fast am Quartalsfieber gestorben.

Antike Studien

Dennoch war Erasmus von Lerneifer beseelt: Die Liebe zu den antiken Studien habe er *schon als Jugendlicher ins Herz geschlossen*,[14] gestand er später. Die habe er mit seinem Vater geteilt.[15] Sie wurde aber nach seinem Selbstzeugnis erst am Ende seiner Schulzeit auch von einsichtigen Lehrern gefördert.[16] Der sogenannte ‹Humanismus› – dieser Begriff entstand erst im 19. Jahrhundert – umfasste freilich viel mehr als nur die Liebe zu den alten Sprachen und den klassischen antiken Schriften, von denen viele erst nach dem Fall von Konstantinopel im Jahre 1453 mit Flüchtlingen nach Italien kamen und übersetzt wurden. Antikebegeisterte Leser stürzten sich nicht nur vermehrt auf die klassischen Texte, sie lasen sie auch anders als mittelalterliche Gelehrte. Der Ruf ‹ad fontes›, zurück zu den Quellen, bedeutete, die alten Texte, auch die längst bekannten, auf ganz neue Art zu behandeln. Die Anhänger der ‹studia humanitatis› hatten keinerlei Berührungsängste, sich von nicht christlichen Autoren anregen zu lassen. Sie lasen sie als authentische Texte um ihrer selbst willen, ohne sie vorschnell zu christianisieren oder als ‹heidnisch› abzulehnen. Sie wollten die antiken Schriften verstehen, wie sie gemeint waren, um gerade so von ihnen zu lernen. Freilich waren die meisten Humanisten überzeugt, dass antike Weisheiten und Tugenden sich mit dem Christentum verbinden ließen, ja Anregung böten, das Christentum zu seinem wahren Wesen zurückzuführen. Beschämten die Wahrheitsliebe eines Sokrates, die Tugend eines Cato und die Lebensweisheit eines Cicero nicht die zeitgenössische Christenheit und drängten so zu Reformen? Konnte die Christenheit des ausgehenden 15. Jahrhunderts mit ihren weltabgewandten Klöstern, ihrer meist erstarrten scholastischen Theologie und ihrer oft korrupten, machtbewussten kirchlichen Hierarchie nicht von der Antike eine ganz neue Lebensgestaltung lernen, weltzugewandt, heiter und kraftvoll, wie es Christus mit seiner tätigen Nächstenliebe vorgelebt hatte? Boten die neu entdeckten Texte von Platon mit ihrer Bewertung von Materie und Geist nicht Anreize, die sich in äußeren Riten und kirchlicher Prachtentfaltung gefallende Religiosität vieler Zeitgenossen zu einer neuen verinnerlichten und lebensverändernden Frömmigkeit zu rufen? Solche Fragen lagen in der Luft und bewegten die Vertreter dieser neuen Geistesrichtung dazu, den Kampf mit den Institutionen aufzunehmen und sich für ein neues Zeitalter einzusetzen, ein ‹goldenes Zeitalter›, wie es die antiken Dichter besungen hatten und wie es das Neue Testament auf seine Art forderte, ein Zeitalter des Friedens, der Gerechtigkeit und der Freiheit, in dem statt Selbstsucht und Machtgier Liebe herrschen sollte.

Hier ist etwas Grundsätzliches anzumerken: Das Europa des 15. und 16. Jahrhunderts war ein durch und durch «christliches». Die Kirche prägte das politische und gesellschaftliche Leben. Christliche Bräuche und Riten umgaben die Menschen von der Wiege bis zur Bahre. Atheismus gab es kaum, schon gar nicht einen offen zur Schau gestellten. Zwar beschimpften einige Kritiker Erasmus böswillig als Atheisten, aber er war entschieden kein Atheist. Er vertrat einen christlichen Humanismus. Wer Erasmus auf einen weltlichen Humanisten reduziert, der kann sich wohl von ihm in vielfältiger Weise anregen lassen, aber er wird weder seine Zeit noch ihn selbst und seine tiefsten Beweggründe verstehen.

Im Kloster

Die Eltern von Erasmus starben 1484 an der Pest, dieser grausamen Seuche, die immer wieder an neuen Orten Angst und Schrecken verbreitete, raffte sie doch bisweilen bis zur Hälfte der Bevölkerung einer Stadt oder eines Dorfes dahin und löste Wirtschafts- und Hungerkrisen aus. Erasmus floh, wenn immer möglich, aus infizierten Orten. Er verfiel jedoch nicht in lähmende Todesangst. Als der Verwaiste 1487 gedrängt von seinem Vormund in das Kloster Stein, ein Augustiner Chorherrenstift bei Gouda, eintrat, war der junge Mann ganz von den neuen humanistischen Studien beseelt. Mit gleichgesinnten Brüdern las er Tag und Nacht die Klassiker, die er in den Klosterbibliotheken fand: Ovid, Horaz, Terenz, Vergil, Statius. Die jungen Mönche machten sich daran, das ‹goldene Zeitalter› der klassischen Poesie voll Scherz und Übermut wieder aufleben zu lassen. Eine ausgelassene Jugend war das. Zwar thematisierte der neue Klosterbruder die Vergänglichkeit der Welt und des eigenen Lebens und klagte, er habe in seinem Leben nichts als *Bürgerkriege, Hunger und Pestilenz* gesehen.[17] Der elenden Welt stellte er Gottes wunderbares Walten gegenüber: *Alles vergehet, Gott aber stehet* (Paul Gerhardt),[18] diese Botschaft atmen viele Gedichte des Erasmus aus der Klosterzeit. Daraus schloss der jungen Mann aber keineswegs, zerknirschte Buße sei angesagt, im Gegenteil: ‹carpe diem› war das Motto.[19] Nutze die Zeit, solange du jung bist. Und genutzt wurde sie etwa, um Vergils dritte *Ekloge* zu persiflieren, in der Menalcas zunächst seine homoerotische Liebe zum Jüngling Amyntas besingt, aber auch die schöne Phyllis nicht vergisst, um am Ende gar seinen Mäzen in höchsten Tönen zu preisen. Erasmus dichtete in kunstvoll von Jamben unterbrochenen vergilischen Hexametern eine Neufassung aus der Sicht des Amyntas. Spöttisch lässt er ihn ausrufen: Die Zuneigung des berechnenden und wetterwendischen Menalcas sei ihm kein Wollflöckchen wert.[20] Oder Ovids *Metamorphose* von Acis, Galathea und Polyphem benutzte er, um Klagen des eifersüchtigen Acis (bei Erasmus Rosphamus) zu besingen, wo doch jeder wusste, dass Galathea (bei Erasmus Gunifolda) nicht den plumpen alten Poliyphem, der ihr nachstellt, sondern gerade den schönen Acis liebt, der, in einen Fluss verwandelt, mit ihr vereinigt wird.[21]

Die Briefe, die Erasmus mit seinen Freunden wechselte, sind voll von sehnsüchtigen Freundschaftsbeteuerungen. Das wirft die Frage nach seiner Sexualität auf. Man hat ihm Homophilie nachgesagt. Für Historiker ist es durchaus nicht zwingend, das aus diesen Briefen herauszulesen. Solche Beteuerungen waren unter Humanisten üblich, und selbst der spätere Zürcher Reformator Huldrych Zwingli wird im Jahr 1516 an Erasmus in genauso sehnsuchtsvollem Ton schreiben. Zwingli aber war eindeutig heterosexuell geprägt. Sein Liebesabenteuer in Glarus war notorisch, und er heiratete später zunächst heimlich und dann offiziell und zeugte vier Kinder. Dennoch bleibt die Frage, wie Erasmus mit seiner Sexualität umging. Während seines Studiums in Paris sagte man ihm Frauengeschichten nach, aber auch, dass er einem Schüler zu nahe getreten sei. Er hatte 1498 ein begeistertes *Ehelob* geschrieben, in dem er die Sexualität als eine Naturkraft pries, die man weder unterdrücken soll noch kann, und sich für die Freigabe der Priesterehe eingesetzt. 1525 erklärte er, Priester, die nicht keusch leben könnten, sollten heiraten dürfen. Aber es empörte den etwa dreißig Jahre Älteren, dass die jüngeren Anführer der Reformation anscheinend ihre Sexualität nicht zügeln konnten und einer nach dem anderen heiratete.[22] Nachdem er Paris verlassen hatte, wurde auch von seinen schärfsten Gegnern nicht an Erasmus' tadelloser zölibatärer Lebensweise gezweifelt. Offenbar konnte der Gereifte seine Sexualität sublimieren. Könnte das ein Grund für seine ungeheure Arbeitsleistung als Gelehrter sein?

II Studieren und Lehren – Paris

Die enorme Belesenheit von Erasmus und seine Fähigkeit, das Gelesene für eigene, in klassischer Latinität formulierte Schriften nutzbar zu machen, fielen schnell auf. Heinrich von Bergen, der Bischof von Cambrai, holte den jungen, 1492 zum Priester geweihten Kanoniker für eine Reise nach Rom in seine Entourage, in der Hoffnung, Erasmus' eleganter Stil könne beabsichtigte Eingaben fördern. Der Plan einer Reise nach Rom zerschlug sich, aber Erasmus kehrte nicht mehr ins Kloster zurück. Der Bischof vermittelte ihm einen Studienplatz an der Universität in Paris. Er brachte ihn im Collège de Montaigu unter, einem straff geführten Studienhaus. Im Gegensatz zu Erasmus sollten sich dort später der Genfer Reformator Johannes Calvin und der Begründer des Jesuitenordens Ignatius von Loyola wohl fühlen. Erasmus aber verabscheute das dort geforderte gemeinschaftliche, fast klösterliche Leben mit seiner einengenden, asketischen Hausordnung, die unbarmherzig auch mit körperlichen Züchtigungen durchgesetzt wurde. Er entfloh der strengen Zucht im Collège und den verdorbenen Eiern, die es, so behauptete er jedenfalls, zu essen gab. Dass sich Erasmus im Collège nicht wohl fühlte, ist ein Glücksfall für das Abendland. Denn um sich seinen Lebensunterhalt außerhalb des Collège zu verdienen, nahm er vornehme Schüler an. Für sie hat er seine bahnbrechende Pädagogik entwickelt, die sich an antiken Vorbildern orientierte. Junge Männer aus reichem Hause wohnten nun mit ihm zusammen. In dieser Wohngemeinschaft herrschte eine andere Atmosphäre. Erasmus schildert einem Schüler die folgende Episode:

Heute haben wir zugesehen, wie die Hausmutter gewaltig mit der Hausmagd stritt. Schon lange vor dem Zusammenstoß dröhnte die Kriegstrompete, heftig beschimpften sie sich gegenseitig. Der Kampf war unentschieden, keine triumphierte. Das passierte im Garten. Wir schauten baff vom Essraum aus zu, nicht ohne zu lachen. Jetzt pass auf, wie es zum Höhepunkt kam! Nach dem Wortgefecht kam das Mädchen in mein Schlafzimmer hinauf, um die Betten zu machen. Ich begann einen Schwatz und lobte ihre Tapferkeit. Sie sei weder an Lautstärke noch an Schlagfertigkeit hinter ihrer Herrin zurückgeblieben. Nur hätte ich es lieber gesehen, wenn sie ihre Hände ebenso gebraucht hätte wie ihre Zunge. Denn die Hera, ein robustes Mannweib, das glatt für einen Athleten durchgegangen wäre, trommelte fortwährend auf dem Kopf des kleineren Mädchens herum. Ich sagte, «hast du denn keine Fingernägel, dass du dich nicht wehrst?» Sie antwortete lächelnd, es fehle ihr weniger an Mut als an Kräften. «Glaubst du denn», meinte ich, «der Ausgang der Kriege hänge vor allem von den Kräften ab? Überall kommt es vielmehr auf die Strategie an.» Sie fragte darauf, was ich ihr denn rate. Ich: «Wenn sie wieder auf dich losgeht, dann ziehe ihr sofort die Haube weg. (Denn die Frauen in Paris gefallen sich außerordentlich in gewissen schwarzen Hauben.) Und ist die Haube weg, dann fahre ihr gleich in die Haare!» Ich dachte, sie würde den Scherz als solchen verstehen. Aber mittags kam außer Atem ein Gast gerannt, es war ein Unterhändler vom König Karl, der Gentil Gerson genannt wurde: «Kommen Sie, meine Herren», rief er, «Sie werden ein blutiges Spektakel zu sehen bekommen.» Wir rannten ihm nach, und vor uns auf der Erde rangen die Hausmutter und das Mädchen. Wir konnten sie kaum trennen. Wie blutig der Kampf gewesen war, war offenkundig. Auf der Erde zerstreut lagen Haube und Schleier. Der Boden war voller Haarbüschel, so grausam war das Handgemenge gewesen. […] *Ich beglückwünschte mich innerlich, dass die Hausmutter nicht ahnte, dass ich zu dem Kampf geraten hatte.*[23]

Pädagogik

Der Pädagoge Erasmus warnte: *Es gibt Schüler, die man nicht durch Schläge erziehen kann, selbst wenn man sie zu Tode prügelt, aber durch Güte und freundliche Ermahnungen lassen sie sich führen, wohin man will.*[24] Erasmus hat körperliche Strafen grundsätzlich als menschenunwürdig und überflüssig abgelehnt. Nur knechtische Charaktere ließen sich durch Furcht vor Strafen erziehen. Unsere Kinder werden im Lateinischen ‹liberi› genannt, machte er geltend, das heißt Freie, wir behandeln sie aber schlechter als die meisten Sklavenhalter ihre Sklaven. Auch Sklaven müssen motiviert werden, durch Schläge verhärten sie sich nur. Weise

Sklavenhalter behandeln sie dementsprechend. *Wie sehr wäre es am Platze*, mahnte Erasmus, *dass unter Christen der schändliche Begriff Sklaverei ausgemerzt würde.*[25] Der Apostel Paulus forderte, man solle die Sklaven freundlich behandeln, aber doch noch vielmehr die Kinder. Empfahl er doch den Vätern, ihre Kinder nicht zum Zorn zu reizen.

Auch Martin Luther legte den Erziehern dieses Pauluswort ans Herz. Er selbst war von seinen Eltern bis aufs Blut geschlagen worden. Das habe ihn ganz niedergedrückt und schließlich ins Kloster getrieben. Dennoch glaubte er nicht, man könne auf Körperstrafen verzichten.[26] Er zitierte alle einschlägigen Verse aus den Sprüchen Salomos: Wer sein Kind liebe, züchtige es, wer sein Kind mit Ruten schlage, werde seine Seele von der Hölle erlösen, und die Rute vertreibe die Torheit des kindlichen Herzens.[27] Er warnte vor allzu schweren Strafen, lehnte aber Körperstrafen nicht grundsätzlich ab. Seine Erfahrungen mit prügelnden Eltern trieben ihn an, flächendeckend öffentliche Schulen zu fordern,[28] die den überforderten Eltern die Erziehung abnehmen sollten. Dagegen riet Erasmus mit seinen schlechten Schulerfahrungen zu Privatunterricht, den die Eltern besser überwachen könnten.[29]

Aber gerade auch den Lehrern der öffentlichen Schulen legte Erasmus ans Herz, statt die Kinder zu schlagen, sie spielerisch zu motivieren. Denn Liebe überwinde auch dort alle Schwierigkeiten. Kinder wollten lernen. Der Pädagoge riet zu gruppendynamischen Methoden, so zu Wettbewerben unter den Schülern. Vor allem aber gelte es darauf zu achten, wo der Schüler stehe: *Leichter geht ein, was zur richtigen Zeit dargeboten wird.*[30] Der Lehrer soll den Lehrstoff dem Alter und den Begabungen der Schüler anpassen. Erasmus empfahl für Kinder die lustigen, schon im Mittelalter beliebten Tierfabeln von Aesop sowie amüsante Komödien, möglichst mit passenden Bildern illustriert. Denn *Heiteres und Eingängiges gehören zur Jugend, finsterer Ernst und Strenge sind zu meiden.*[31] – Das leuchtete auch Martin Luther ein. 1530 begann er die Fabeln Aesops für Schule und Haus ins Deutsche zu übersetzen. Das Werk blieb Fragment. Erst 1557 erschienen posthum dreizehn Fabeln.[32]

Erasmus schrieb für seine Schüler *Colloquien*, Gespräche, in denen sie sich spielerisch ein geschliffenes Latein aneignen konnten, ohne dass wie üblich Rutenschläge dem Gedächtnis auf die Sprünge helfen mussten. Zugleich führte er sie in seine christlich-humanistische Gedankenwelt ein und erzog sie zu warmer Herzensfrömmigkeit. Das klang – freilich nicht auf Deutsch, sondern in bestem Latein – so:

Cocles: *Guten Tag, Herr Lehrer.*

Der Lehrer: *Was will der Nichtsnutz?*

C. *Seien Sie gegrüßt, wie geht es Ihnen?*

L: *Das ist eine verdächtige Höflichkeit. Es geht mir bestens. Sag schon, was du willst!*

C: *Die ganze Klasse bittet um die Erlaubnis für ein Pausenspiel.*

L: *Ihr macht doch sowieso nichts anderes als dummes Zeug, auch ohne Erlaubnis.*

C.: *Als kluger Pädagoge wissen Sie doch, dass die Denkfähigkeit durch maßvolles Spielen angeregt wird, das haben Sie uns doch selbst erklärt, als wir Quintilian lasen.*

L: *Du bringst deine Sache klug vor. Erholung brauchen Schüler, die übermäßig arbeiten. Ihr jedoch lernt nachlässig und spielt emsig. Bei Euch sollte man die Zügel besser anziehen, als sie schleifen zu lassen.*[33]

Dennoch, der Leser ahnt es schon, setzt der kluge Cocles seinen Willen durch.

In einem anderen Gespräch treffen zwei Jungen aufeinander.

Erasmus: *Wo kommst du denn her? Aus irgendeiner Bar?*

Gaspar: *Daneben geraten.*

E.: *Vom Spielplatz?*

G.: *Auch das nicht.*

E.: *Von der Weinlese?*

G.: *Ganz daneben.*

E: *Ich kann es nicht erraten. Sag es selbst!*

G.: *Aus der Liebfrauenkirche.*

E.: *Was hattest du denn dort zu tun?*

G.: *Verschiedene Grüße auszurichten.*

E.: *Wen hast du denn gegrüßt?*

G.: *Christus und einige Heilige.*

E.: *Du scheinst für dein Alter ziemlich fromm.*

G.: *Frömmigkeit passt doch zu jedem Alter.*
E.: *Wenn ich fromm sein wollte, würde ich mir eine Mönchskutte umwerfen.*
G.: *Wenn die Kutte ebenso fromm machen würde, wie sie wärmt, dann würde ich sie auch anziehen.*
[...]
E.: *Was ist überhaupt Frömmigkeit?*
G.: *Es ist wahre Gottesverehrung und das Halten seiner Gebote.*
E.: *Und was gebieten die?*
G.: *Das ist ein weites Feld, aber um es kurz zu fassen, sie bestehen aus vier Punkten.*
E.: *Aus welchen denn?*
G.: *Erstens: Wir sollen richtig und ehrfürchtig über Gott und die Heilige Schrift denken und Gott nicht einfach als Herrn fürchten, sondern von ganzem Herzen als unseren gütigsten Vater lieben. Zweitens sollen wir uns aufs höchste bemühen, nicht schuldig zu werden, das heißt, wir dürfen niemanden verletzen. Drittens: Wir sollen lieben, das heißt, so viel wir können, allen Gutes zufügen. Viertens: Wir sollen Geduld haben. Geduld ermöglicht uns das Böse, das uns widerfährt und dem wir nicht abhelfen können, geduldig zu ertragen, ohne uns zu rächen oder Böses mit Bösem zu vergelten.*[34]

In seinem letzten *Colloquium* von 1533 wies Erasmus Jugend und Alter auf Gottes Barmherzigkeit hin. Fromm zu leben sei die wahre epikureische Lebensweise, glücklich, wer sie von Jugend an übe und mit reinem Gewissen alt werde. Aber auch der Elende, der einen großen Sündenberg aufgehäuft habe, brauche nicht zu verzagen.
Hedonius: *Niemand muss verzweifeln, solange er atmet. Ich rate ihm, zu Gottes Güte zu fliehen.*
Spudaeus: *Aber je länger das Leben dauerte, desto höher wurde der Berg von Sünden; schon übertreffen sie den Sand am Meer.*
H.: *Gottes Barmherzigkeit aber übertrifft die Sandkörner bei weitem. Auch wenn der Mensch den Sand nicht zählen kann, so ist seine Anzahl doch begrenzt. Gottes Barmherzigkeit aber hat weder Maß noch Zahl.*[35]

Schnell eroberten die *Gespräche* von Erasmus die Schulen Europas und blieben bis über die Mitte des 17. Jahrhunderts hinaus im Lehrplan. Der Humanist propagierte, die Schüler nicht wie bis anhin mit übermäßigem, mühseligem Pauken von Grammatik und Vokabeln zu belästigen, sondern ihnen durch Unterhaltung und durch Lektüre zunächst einfacher, guter Texte, wie sie seine *Gespräche* boten, später der Klassiker, Latein beizubringen. Er propagierte also eine Methode, mit der noch im 21. Jahrhundert erfolgreich Fremdsprachen gelernt werden.

Frauenbildung

Der von Erasmus entwickelte Lehrplan, der vor allem auf antiken Autoren beruhte, ist heute überholt, nicht indes seine Forderung, dass auch die Mädchen die gleiche Erziehung genießen sollen wie die Jungen. Erasmus hatte nicht irgendwelche Schüler, es waren junge Adelige oder reiche Kaufmannssöhne aus verschiedenen europäischen Ländern, die zum Studium nach Paris geschickt wurden. Von einem dieser vornehmen Schüler wurde Erasmus nach England eingeladen und in die höchsten Kreise eingeführt. Im Haus von Thomas Morus, dem späteren Lordkanzler, lernte er dessen hochgebildete Töchter kennen. Er begriff sofort, wie haltlos das Vorurteil ist, Frauen seien zum Studium nicht geeignet, und wie vielversprechend und fruchtbar für die erhoffte, an humanistischen Werten auszurichtende Zukunft Europas eine solide Frauenbildung sein könnte.[36] Daraufhin entwickelte er sein neues Frauenbild, das mit der überkommenen frauenverachtenden Tradition brach.

Nicht nur rückständige Zeitgenossen, auch ein erfolgreicher Humanist wie Ludovico Vives, Erzieher der englischen Thronfolgerin Maria Tudor, oder ein innovativer Reformator wie Huldrych Zwingli in Zürich orientierten sich noch am großen griechischen Philosophen Aristoteles. Der hatte gelehrt, die Frau sei ein Mängelwesen. Ihre Erziehung, folgerten die Gelehrten, habe sich danach auszurichten. Nur was zu keuscher Tugend anleite, solle sie lesen. Die Ausdrucksfähigkeit der Frau brauche nicht gefördert zu werden, denn sie solle ja sowieso schweigen, wie Paulus weise angeraten habe. Vives sprach nicht nur am Biertisch, sondern auch in ernsthaften Ratgeberschriften den Frauen immer noch die üblichen abwertenden Eigenschaften zu: Die Frau sei schwach, furchtsam, geizig, argwöhnisch, klagsüchtig, eifersüchtig, verworren, putzsüchtig, geschwätzig und abergläubisch, so sehr, dass man einen Rest von Aberglauben an ihr dulden müsse. Solche Frauenklischees waren zäh. Auch bei Erasmus brachen sie immer wieder durch. Aber er machte sich, aus Erfahrung klug geworden, mehr und mehr frei davon. Er kritisierte denn auch Vives, der habe die Frauen allzu hart beschrieben. Er hoffe, dass Vives seine Ehefrau freundlicher behandle.[37] Erasmus wies dagegen in seinem Werk auf vorbildliche, gar den Männern überlegene Frauen hin. Er erwähnte namentlich Margret Roper, die Latein und Griechisch schreibende älteste Tochter des Thomas Morus. Sie war verheiratet und stand einem großen Haushalt vor. Weiter die Äbtissin des Klarissenklosters in Nürnberg, Caritas Pirckheimer. Die Nonne Caritas bewahrte nach der Reformation ihr Kloster in offener Rebellion gegen den städtischen Rat vor der Aufhebung. Neben der Kloster- und der Ehefrau nannte Erasmus auch eine ledige Frau, Margarete Blarer. Sie lebte selbständig. Die reformatorisch gesinnte Konstanzerin schlug Heiratsanträge aus, sie wollte ehelos bleiben. Sie engagierte sich im Leinwandhandel und widmete sich sozialen Aufgaben. Reformatoren in Konstanz und Straßburg korrespondierten mit ihr und fragten sie gern um Rat.[38] Erasmus sprengte Grenzen. Er stellte drei Frauen aus verschiedenen sozialen Ständen und aus den bereits verfeindeten konfessionellen Gruppen als gleichermaßen nachahmenswert dar.

In Erasmus' Colloquium *Der Schiffbruch* übertrifft eine junge Mutter mit ihrer gefassten Haltung ihre männlichen Mitreisenden weit. Der gerettete Adolf berichtet, wie es auf dem im Sturm zerberstenden Schiff zu und her ging:

Adolf: *Die Schiffer sangen das ‹Salve Regina› und flehten zur jungfräulichen Mutter* [Maria]*; sie nannten sie Meerstern, Himmelskönigin, Herrin der Welt, Pforte des Heils und schmeichelten ihr noch mit vielen anderen Titeln, welche die Heiligen Schriften ihr nirgends verleihen.*

Anton: *Was hat sie mit dem Meer zu tun? Ich meine, sie machte nie eine Schiffsreise.*

Ad.: *Einst sorgte Venus für die Seeleute. Denn man glaubte, sie sei aus dem Meer geboren worden. Weil sie sich nun nicht mehr um sie*

kümmert, haben sie für diese Mutter die jungfräuliche [Mutter Maria] *erwählt.*
An.: *Das meinst du doch wohl nicht ernst!*[39]

Den Einwurf, dass das wohl nicht ernst zu nehmen sei, wird Erasmus mit Bedacht eingestreut haben. Denn er zählte hier durchaus nicht irgendwelche phantastischen Marientitel auf, sondern Titel für die *Himmelskönigin* aus überall gesungenen und gebeteten liturgischen Stücken; der Titel *Meerstern (stella maris)* gab gar einer bekannten und den Zeitgenossen von Erasmus bestens vertrauten Marienvesper den Namen. Auch heute noch ist sie den Musikliebhabern bekannt. Das *Colloquium* übte also gewagte Kritik an der kirchlich sanktionierten Marienverehrung. Da war es gut, wenn man sich im Fall der Fälle darauf berufen konnte, dass es sich ja nur um Witzeleien eines Dialogpartners und durchaus nicht um eine Lehrmeinung des Autoren handle. Der Dialog geht weiter:
Ad.: *Einige sanken auf die Planken nieder und beteten das Meer an, alles Öl, das sie fanden, gossen sie auf die Wogen und umschmeichelten das Meer wie einen zornigen Fürsten.*
An.: *Was sagten sie denn?*
Ad.: *«O gnädigstes Meer, o edelstes Meer, o unermessliches Meer, o schönstes Meer, lass ab vom Zorn und rette uns.» Das und vieles andere riefen sie dem ungerührten Meer zu.*
An.: *Was für ein lächerlicher Aberglaube!*

Auch Gelübde, an bestimmte Orte zu Schutzpatronen zu pilgern, werden nicht freundlicher beurteilt. Anton meint dazu: *Wie albern, als ob die Himmlischen nicht im Himmel thronten!*[40]

Auf dem Schiff benimmt sich einer lächerlicher und ängstlicher als der andere. Nur eine junge Frau reagiert anders auf die Todesgefahr.
Ad.: [...] *Unter all denen verhielt sich niemand so ruhig wie eine Frau mit einem Kind an der Brust, das sie stillte.*
An.: *Was tat sie?*
Ad.: *Als einzige schrie sie nicht, weinte nicht und gelobte nichts. Sie drückte ihr Kind eng an sich und betete still.*[41]

Erasmus erklärte denn auch 1529 in seinem Witwenbuch: *Auch wenn man sich schämt, es auszusprechen, aber die Tatsache ist zu offensichtlich, um sie zu verbergen: Viel mehr Beispiele für Got-*

tesfurcht und Frömmigkeit finden sich in den Reihen der Frauen als in denen der Männer.[42] Ausdrücklich forderte er für Mädchen den gleichen Lehrplan wie für Knaben.[43] In einem *Colloquium* von 1524 ließ er eine junge hochgebildete Frau, die auf einen ungebildeten, stolzen Klotz von Abt stößt, unverhohlen drohen: [...] *es gibt viele Frauen, die es mit jedem Mann aufnehmen.* [...] *Wenn ihr Euch nicht vorseht, wird die Sache so überhand nehmen, dass wir Frauen die Theologenschulen präsidieren, in den Kirchen predigen und euch eure Mitren entreißen.* Der ‹fromme Wunsch› des Abtes, *Das möge Gott verhüten,*[44] ging nicht in Erfüllung. Aber es dauerte doch Jahrhunderte, bis die angedrohte Frauenemanzipation sich in Europa durchsetzte.

Zivilisiertes Benehmen

Neben den *Colloquien* gab Erasmus für den Schulgebrauch *Parabolae* heraus, eine Sammlung lebenskundlicher Vergleiche aus Aristoteles, Plinius, Plutarch und Seneca, eine Grammatik und eine Anleitung zum guten Briefstil. Sein Benimmbuch *De civilitate morum puerilium,* das er erst 1530 verfasste, wurde zu einem eigentlichen Renner, obwohl es bei weitem nicht so unterhaltsam ist, wie etwa die *Colloquien*, sondern zuweilen etwas pedantisch daherkommt. War das Alterswerk deswegen bei vielen Lehrern so beliebt? Wie auch immer, es war ein ‹Knigge› weit über das 16. Jahrhundert hinaus und richtete sich an junge Leute, die nicht von Haus aus in die Sitten der Adelskreise eingeführt wurden. Sie sollten es einmal einfacher haben als der Emporkömmling Erasmus und sich in allen Schichten höflich benehmen können. Sicher, der äußere Anstand sei der Frömmigkeit, der Gelehrsamkeit und den Pflichten eines christlichen Lebens nachgeordnet, aber doch nun einmal nützlich, um sich beliebt zu machen. Neben einem geordneten Geist sei es hilfreich, eine gute Körperhaltung, Gestik und Kleidung zu haben und sich höflich und anständig zu benehmen. Die Sitten seien freilich Moden unterworfen. Zwar glaubte Erasmus, es gebe zu allen Zeiten und an allen Orten eine gemeinsame Grundlage, einen natürlichen Anstand. Dennoch seien die Unterschiede beträchtlich, und es gelte, sich den jeweiligen Orts- und Zeitsitten anzupassen. Bei den Spaniern habe es etwa früher als höflich und freundlich gegolten, das Gegenüber nicht anzublicken. Dagegen empfahl Erasmus, dem Gesprächspartner ruhig und respektvoll in die Augen zu schauen. Erasmus gab eine Menge weiterer Ratschläge: Die Nase soll geputzt sein, und zwar mit einem Taschentuch. Auch die Zähne sind zu reinigen, aber Erasmus konnte nur abraten, sie mit Puder zu weißen oder mit Urin zu putzen. Den Mund soll man morgens mit Wasser spülen, das aber am Tag ständig zu wiederholen sei närrisch. Die jungen Leute sollen lernen, sich gerade zu halten. Auf dem Rücken verschränkte Hände deuten nach Erasmus auf Faulenzer und Diebe. Kaum anständiger sei es, die Hand sitzend in die Hüfte zu stemmen, obwohl das manche Leute für besonders elegant hielten. Erasmus lehnte alles Gestelzte oder gar Ungesunde ab. Darum riet er etwa, Blähungen nicht zu unterdrücken. Wer einmal die Gesellschaft nicht verlassen kann, soll getrost das Geräusch mit Husten übertönen. Er empfahl funktionale, nicht beengende Kleidung. Mit Kleidern zu prunken, sei äffisch. Was mit der Natur und der Vernunft übereinstimme, das sei schicklich. Freilich kannte auch Erasmus Benimmregeln, die sich weder mit der Natur noch mit der Vernunft begründen lassen: Man solle ein Ei nicht mit den Fingernägeln und dem Daumen aus der Schale puhlen, und einen Teller mit Süßigkeiten auszuschlecken, gehöre sich für Katzen, aber nicht für Menschen.

Das Wichtigste fasste Erasmus am Ende zusammen: *Der größte Teil der ‹civilitas› besteht darin, sich selbst nichts zu vergeben, aber die Mängel der anderen großzügig zu ignorieren. Wenn dein Kamerad unbequeme Sitten hat, sollst du ihn deswegen nicht weniger lieb haben. Es gibt nämlich Menschen, die raue Sitten mit anderen Gaben wettmachen.*[45] Man solle ja nicht glauben, Erasmus wolle behaupten, dass niemand ein guter Mensch sein könne, der schlechte Sitten habe. Aber wenn ein Kamerad sich aus Unwissenheit daneben benehme und das Konsequenzen habe, dann solle man ihn darauf aufmerksam machen, aber höflich unter vier Augen.

Das kleine Werk *De civilitate morum puerilium* blieb bis ins 18. Jahrhundert hinein Schulstoff und prägte den für das neuzeitliche Europa typischen Zivilisationsprozess entscheidend mit.

Scholastik

Zwischen den Unterrichtsstunden hat Erasmus sich, wie seine späteren theologischen Arbeiten zeigen, mit einigem Erfolg solide Kenntnisse in der zeitgenössischen christlichen Dogmatik angeeignet. Damals wurde Theologie nach der scholastischen Methode gelehrt. Die goldene Zeit der Scholastik begann, nachdem grundlegende aristotelische Texte in den lateinisch sprechenden Zentren wieder bekannt geworden waren. Der aristotelische, methodisch-philosophische Ansatz verlieh der Theologie einen ungeheuren Aufschwung. Aber diese Zeit war längst vorüber. Die großen Scholastiker, Thomas von Aquin, Duns Scotus und William Ockham, die mit je eigenen Ansätzen große logisch aufgebaute dogmatische Systeme geschaffen hatten, lagen längst im Grab. Am Ende des 15. Jahrhunderts stritten die von ihnen gegründeten Schulen miteinander über methodische Fragen. Das musste junge lernbegierige Männer, die Orientierung fürs Leben suchten, abstoßen.

Wie sehr der scholastische Lehrbetrieb in Paris Erasmus anödete, belegt ein Brief. Ein vornehmer junger Engländer nahm bei Erasmus Unterricht. Dessen Tutor verbot dem jungen Mann den persönlichen Umgang mit dem beliebten Lehrer. Er beschuldigte Erasmus, er habe einen zu engen Umgang mit dem Zögling gepflegt; aus der Sicht von Erasmus war der Tutor eifersüchtig, weil der Schüler ihn höher verehrte und mehr schätzte als den Tutor. Da Erasmus der direkte Kontakt verboten war, schrieb er dem jungen Mann 1497 einen Brief. Der Brief zeigt, auf welch heitere Weise Erasmus die vornehmen Schüler von der gängigen scholastischen Methodik wegwies und in seine neue humanistische Gedankenwelt einführte. Er berichtet vom legendären Schlaf des Epimenides, eines orphischen Theologen, der um 500 v. Chr. in Kreta und Athen gelebt haben soll. Epimenides habe fast fünfzig Jahre lang in einer Höhle geschlafen. Ihm sei es aber am Ende gut gegangen. Er sei wieder erwacht.

Anders die Scholastiker an der Pariser Fakultät, sie schliefen ewig über ihren Haarspaltereien weiter.

Der glücklichere Epimenides also erwachte, *rieb die verschlafenen Augen, wusste noch nicht recht, ob er wach sei oder träume, und verließ darauf die Höhle. Da bemerkte er, dass die ganze Gegend ein verändertes Aussehen hatte. In der langen Zeitspanne hatten die Flüsse sich einen neuen Weg gesucht. Hier waren die Wälder abgeholzt, dort nachgewachsen. [...] Er erreichte die Stadt, auch hier war alles neu. Er kannte weder Mauern noch Wege, weder das Geld noch selbst die Menschen: Anders der Kult, anders der Ritus, anders die Sprache – so groß ist die Unbeständigkeit in menschlichen Angelegenheiten.*[46]

Historischer Ansatz

Würde man einen solchen Text ohne Autor- und Zeitangabe heutigen Historikern vorlegen, würden sie ihn wahrscheinlich in das 20., allenfalls in das 19. Jahrhundert einordnen, jedenfalls nach Charles Darwin, dem Begründer der Evolutionslehre, und Michel Foucault, der das Bewusstsein für den Mentalitätenwandel schärfte. Aber Erasmus war sich schon bewusst, dass sich nicht nur die Sitten ändern, sondern eigentlich fast alles: Die Natur, Kult, Ritus und Sprache, ja auch die Werte. In einem langen Einschub von 1515 in sein berühmtes *Adagium* mit dem Titel: *Dulce bellum inexpertis*, frei übersetzt: Ein Krieg scheint nur denen gut, die ihn nicht kennen, erklärte er mit Beispielen aus antiken Schriften: Was uns *unnatürlich*, ja *böse* scheint, galt andernorts als ehrenwert.

Gewisse Leute hielten es für fromm, die alten Eltern zu erschlagen und in einen Graben zu werfen, also auf solche Weise die des Lebens zu berauben, denen man es verdankt. Andere hielten es für eine religiöse Pflicht, das Fleisch des besten Freundes zu essen, und man hielt es gar für eine gute Sache, eine Jungfrau im Tempel der Venus dem Volk zur Prostitution hinzugeben. Und vieles ist noch absurder und würde jeden und jede, würde es hier aufgezählt, schockieren. Am Ende gibt es nichts noch so Verbrecherisches oder Grausames, das nicht gebilligt würde, wenn es die Gewohnheit nahelegt.[47]

Diese Erkenntnis war durchaus keine Selbstverständlichkeit. Erasmus selber hatte 1495 noch mit seiner ersten Publikation, einem Vorwort zu Robert Gaguins Geschichte Frankreichs, das übliche Geschichtsbild seiner Zeit propagiert. Die Geschichte galt seit Cicero als *magistra vitae*, als Lehrerin für das Leben. Der Historiker machte sich und seinen Lesern den Wandel der Zeiten nicht bewusst, sondern vergegenwärtigte unkritisch die Vergangenheit. Das Ziel guter Geschichtsschreibung war, dem Leser durch das Vorbild der Helden aller Zeiten Orientierungshilfe in seinem eigenen Leben zu bieten. Die zeitlose abschreckende oder vorbildliche Handlungsweise der Alten sollte zur Tugend anleiten.

Ganz anders in dem Brief von 1497. Da wirft Erasmus seinen Universitätslehrern vor, den Zeitenwandel verschlafen zu haben. Nach dem Anbruch der neuen Zeit wären sie völlig fehl am Platz mit ihrem barbarischen Latein und ihrer Sic-et-non-Methode, mit der sie mit logischen Argumenten für und gegen eine Aussage vermeintlich zeitlose Glaubensaussagen fanden, aus denen die großen Scholastiker ihre bewundernswürdigen Lehrsysteme gebaut hatten. Erasmus hat sich am Ende seines Lebens 1535 grundsätzlich nicht nur gegen scholastische, sondern gegen alle dogmatischen Systeme ausgesprochen: *Der übernimmt eine schwere Aufgabe, der die Regeln des allgemeinen Glaubens weitergibt. Wenn er irgendwo unstimmig ist, schwankt seine Autorität in allen Punkten.*[48]

Das war nicht gegen die Scholastik, sondern gegen die berühmte erste, grundlegende protestantische Dogmatik von Philipp Melanchthon gerichtet. Erasmus lag nichts an dogmatischen Systemen. Er wollte eine Theologie, die ins Leben hineinsprach, und eine solche boten aus seiner Sicht Dogmatiken genauso wenig wie die *Summen* oder auch die logischen Bearbeitungen der Bibeltexte von Scholastikern.

Er ging darum auch ganz anders mit der Scholastik um als Martin Luther. Der schrieb 1517 seine Thesen gegen die Scholastik. Da heißt es von ihren Lehrsätzen: *Falsch ist, absurd ist, eine Täuschung ist, es kann nicht sein, es ist nicht wahr, dass* und so weiter.[49] Luther lehnte 1517 die Scholastik samt der aristotelischen Philosophie, ja logische Argumente überhaupt für eine theologische Wahrheitsfindung ab. Die scholastische Methodik war für ihn häretisch und falsch, weil sie sich auf von Menschen erdachte logische Prämissen stützte. Luther berief sich für seine dogmatischen Entscheidungen auf Gottes Wort, dessen richtiges Verständnis für ihn allein auf der Gabe des Heiligen Geistes beruhte.[50]

Anders Erasmus, nicht dass er glaubte, auf die Gabe des Heiligen Geistes verzichten zu können, aber er wollte als Theologe auch nicht auf allgemein anerkannte logische Gesetze verzichten. Er hat immer wieder darauf hingewiesen, dass die Scholastik wenig brauchbar sei und weder Gottes- noch Nächstenliebe fördere, sie sei *sprachlos, unvermögend und lumpig*. Dabei schreibe sie *kühn Vernunftregeln vor, nach denen Gott seine Geheimnisse ausführen solle, statt sie seiner Allmacht anheimzustellen.*[51] Erasmus hat die Scholastiker verspottet, aber nicht grundsätzlich abgelehnt. Er erklärte, *ich wollte sie* [die Scholastik] *lieber verbessern als verwerfen oder lieber ertragen, bis es irgendeine geeignetere logische Methode für die Theologie gäbe.*[52]

Er selbst freilich konnte und wollte keine geeignetere Logik schaffen, das war nicht sein Metier, dafür war er nicht geboren. Er mahnte vorerst, die scholastische Methodik nur mit Maß anzuwenden, und verhöhnte sie als veraltet. Er wollte sie wie die Mode von gestern hinten in den Schrank hängen, je nach dem aber holte er ein durchaus noch passendes Accessoire wieder hervor. Wo immer sie seine Ideen stützten, hat Erasmus vereinzelte Argumente der Scholastiker übernommen.[53]

Mysterienspiele

Das galt auch für andere spätmittelalterliche Werke. So benutzte er in seinen Gedichten Stoffe aus den Mysterienspielen. Mysterienspiele vergegenwärtigten dramaturgisch die christlichen Glaubensgeheimnisse und gehörten zu den Höhepunkten des städtischen Lebens. Mit großem Aufwand wurden sie vor den Kirchen inszeniert und bestimmten die Festkultur. Mitspieler und Zuschauer fanden in ihnen eine gemeinsame Identität. Wie die mittelalterlichen Autoren der Spiele ließ Erasmus in einem

Gedicht den Teufel auftreten – freilich in ganz anderer Form, nicht in der Vulgärspräche, sondern in fein gedrechselten, klassisch lateinischen Versen für eine exklusive Leserschaft. Der Teufel entpuppte sich bei ihm als genauso feige und lächerlich wie in den Mysterienspielen. Die spätmittelalterlichen Autoren hatten der verbreiteten Höllenangst, die in ungezählten bildlichen Darstellungen des letzten Gerichtes in oder an fast allen Kirchen des Spätmittelalters heraufbeschworen wurde, ein befreiendes Lachen über den Teufel und seine ‹vermenschlichten› Kumpane entgegengesetzt. Da streiten die Höllengeister wie Pubertierende herum, suchen durch allerlei Kniffe die Menschen zu überlisten, sind aber am Ende immer erfolglos. Einen sündigen Priester müssen sie wieder laufen lassen, weil Luzifer den Geruch von Weihwasser, der dem Verstorbenen noch anhaftet, nicht erträgt. Allzu hemmungslose Liebhaber werden gar nicht erst zur Hölle zugelassen, weil ihre Libido dort nicht einzudämmen wäre. An solchen ‹Höllenhumor›, welcher der Höllenangst entgegengesetzt wurde, knüpfte Erasmus an und machte den Höllenfürsten zu einem lächerlichen, weinerlichen Tyrannen, der sich von Christus überlisten und seine Untertanen aus der Unterwelt zum Himmel führen lässt. In einem anderen Gedicht klagen, genauso wie in vielen Mysterienspielen, Erde und Sonne über den Tod ihres Schöpfergottes am Kreuz. Auch die in den Spielen häufig vorkommende himmlische Beratung besang Erasmus kunstvoll. Da diskutieren die drei Personen der Trinität, Gott Vater, Gott Sohn und Gott Heiliger Geist, über eine mögliche Erlösung der Menschheit, wobei Gott Vater ratlos fragt, was nach dem Sündenfall zu machen sei, und der Sohn schließlich in einer langen Rede die Menschwerdung Gottes vorschlägt.[54]

Damit übernimmt Erasmus Vorstellungen aus den Mysterienspielen, die er später, exegetisch gebändigt und untermauert, seiner Theologie einverleiben wird. Dann wird Erasmus Gott nicht mehr als ein unveränderliches statisches Sein denken, sondern als eine dynamische Entität, als eine handelnde, sich verändernde trinitarische Liebesgemeinschaft, die sich um das Wohl und Wehe ihrer Schöpfung sorgt. Die in neuester Zeit wieder bedeutsame Rede vom Leiden und Tod Gottes und die Vorstellung von Gott nicht als einem statischen, sondern einem werdenden und sich verändernden Sein wird von Erasmus bereits angedacht.

III Erasmus findet seine Lebensaufgabe – England und Italien

1499 reiste Erasmus ein erstes Mal nach England. Dort fand er endlich mit über dreißig Jahren die Anerkennung, die er suchte, Mäzene und ein geistiges Klima, das ihn förderte und anregte, ja eigentlich Erasmus zu dem machte, als den wir ihn kennen: einen Mann mit einem kultivierten Lebensstil, voll kühner Ideen und Witz und einen Erneuerer der biblischen Theologie.

Denn hier lernte er Bibelhumanisten kennen, deren gelebtes Christentum ihn überzeugte. Sie beschäftigten sich ganz unmittelbar mit dem Bibeltext, nutzten ihn nicht nur kultisch oder dogmatisch, sondern legten insbesondere die Evangelien und die Apostelbriefe lebensnah aus und ließen sich von ihnen leiten. Philosophisch orientierten sie sich nicht wie die Scholastiker an Aristoteles, sondern an Platon. Zunächst schien es, als werde Erasmus von ihnen für ein stark platonisch gefärbtes Christentum gewonnen. Er schrieb nach seinem ersten Englandaufenthalt im Jahre 1503 sein erbauliches *Enchiridion*. Es ist voller platonischer Anspielungen und Zitate, aber auch voll von Ideen vom stark platonisch geprägten Kirchenvater Origenes. Dessen Werke konnte Erasmus erstmals nach seiner Rückkehr auf den Kontinent studieren. Das *Enchiridion* zeigt denn auch die Stärken und Schwächen einer Verbindung von Christentum und Platonismus. Das Zentrum der neutestamentlichen Botschaft, nämlich, dass Christus für alle genug getan hat, spielt kaum eine Rolle. Ganz im Sinne Platons kann da der Mensch durch Selbsterkenntnis und fromme Selbsterziehung wie auf einer Stufenleiter selbständig zu Gott emporsteigen. Die Bibeltexte werden allegorisiert. Nichts darf fleischlich, alles soll geistlich verstanden werden. Die biblischen Geschichten sollen nicht im buchstäblichen Sinn als Historien gelesen, sondern in einen spirituell-moralischen Sinn übertragen werden. Das verdeutlichte Erasmus an der Geschichte von Esau und Jakob. Sie ist nach dem *Enchiridion* nicht einfach die Erzählung von zwei konkurrierenden Brüdern, die Gott in seinen Heilsplan einbezieht; die Brüder stehen vielmehr stellvertretend für das lasterhaft Fleischliche im Menschen (Esau), das sich zunächst behauptet, aber vom tugendhaft Geistigen (Jakob) überwunden wird. Als verachtenswert fleischlich gilt alles Materielle und gelten alle äußerlichen Frömmigkeitsbräuche, insbesondere religiöse Riten wie Wallfahrten, Pilgerreisen oder Kerzenopfer. So sagte Erasmus herzerfrischend befreiend am Vorabend der Reformation aller zeremoniellen Veräußerlichung des Glaubens den Kampf an. Es brauche weder Klöster noch Wallfahrten oder heilige Bezirke. Die ganze Welt solle zum Kloster des Gläubigen werden, im täglichen Leben und Beruf habe der Christ sich zu bewähren. Damit traf Erasmus den Puls der Zeit. Mit der Zweitauflage von 1518 wurde das Werk denn auch zu einem der meistgelesenen Erbauungsbücher. Die Reformatoren nahmen den Hauptgedanken begeistert auf und propagierten als Ideal jedes christlichen Lebens das neue innerweltliche Berufsethos, das die Neuzeit bis heute prägen sollte.

In den folgenden Jahren wird Erasmus platonisches Gedankengut wieder mehr und mehr abstreifen und vor unkontrollierten allegorischen Auslegungen warnen. Die Hinwendung zur Bibel, insbesondere zum Neuen Testament aber wird zu seiner Lebensaufgabe. Er beginnt ernsthaft Griechisch zu lernen, um das Neue Testament in der Ursprache lesen und dann textgemäß kommentieren zu können. Dazu waren erstklassige Griechischkenntnisse erforderlich. Auch ein Erasmus mit seinem hervorragenden Gedächtnis konnte nicht in wenigen Monaten ein Griechischstudium bewältigen, das ihm erlaubt hätte, neutestamentliche Texte so gut zu verstehen, dass er einen ihn befriedigenden Kommentar hätte schreiben können. Im Jahre 1504 hat er, der immer noch um seinen Lebensunterhalt kämpfen musste, den Pauluskommentar noch nicht in Angriff genommen, den er im *Enchiridion* angekündigt hatte.

Vallas *Annotationes*

Während er in einer Bibliothek in der Abtei Parc in Heverlee bei Löwen nach griechischen Texten stöberte, stieß er auf eine Handschrift von Lorenzo Valla. Lorenzo Valla war Philologe und

Leiter der päpstlichen Bibliothek in der Mitte des 15. Jahrhunderts gewesen. Erasmus schätzte diesen schon lange als lateinischen Sprachstilisten hoch. In dieser Handschrift aber ging es nicht um Stilfragen. Was Erasmus da in Händen hielt, war höchst brisant und gab Erasmus' Lebensplänen eine neue Richtung. Er fand damit zu seiner Lebensaufgabe: Die Handschrift enthielt Vallas *Annotationes*, seine Anmerkungen zum Neuen Testament. Valla hatte darin griechische Handschriften des Neuen Testamentes mit der im Abendland seit Jahrhunderten allein benutzten lateinischen Übersetzung, der sogenannten *Vulgata*, verglichen. Die *Vulgata* galt als Übersetzungswerk des heiligen Kirchenvaters Hieronymus aus dem vierten Jahrhundert, und niemand zweifelte daran, dass sie, so wie sie überliefert worden war, ein makelloser, göttlicher Text sei, verlässlich in jeder Hinsicht. Valla aber stellte nun in Frage, dass der Text als Ganzer auf Hieronymus zurückgehe, und wies auf zahlreiche Übersetzungsfehler hin.

Kein Wunder, dass Vallas *Annotationes* bisher unterdrückt worden waren und nicht in die neu erfundene Druckerpresse gelangten. Niemand wagte, sie zu verbreiten. Erstaunlich genug, dass eine Handschrift in der Abtei Parc überlebte. Erasmus aber war der Mann, der den Fund kühn auszuschlachten wusste. Er entschloss sich sofort, die Handschrift gedruckt herauszugeben. Der sprachlich Hochbegabte hatte schon in England erkannt, dass es für die Kommentierung eines Textes nicht genüge, ihn in einer Übersetzung zu lesen, dass er vielmehr in der Originalsprache zu lesen sei; denn jede Übersetzung sei eine Interpretation, die den Text merklich oder unmerklich verändere. Darüber hinaus, das erkannte er nun, war es unbedingt nötig, den Text akribisch philologisch zu untersuchen, um zu einer bereinigten Textgestalt zu kommen. Was er damit aufrührte, war ihm klar: *Die Theologen werden voller Hass dagegen aufschreien, obwohl sie am meisten davon profitieren könnten. Welche unerträgliche Verwegenheit, sagen sie, wenn der Grammatiker, nachdem er die übrigen Disziplinen schon zerrüttet hat, nun auch die Heiligen Schriften nicht mit seiner schändlichen Feder verschont.*[55] Immerhin konnte Erasmus sich auf Nikolaus von Lyra, einen anerkannten scholastischen Theologen, berufen. Nikolaus hatte bereits nach seinen Möglichkeiten den Bibeltext literarkritisch untersucht und auf hebräische

Textzeugen zurückgegriffen. Überhaupt hatten mittelalterliche Ausleger nicht völlig darauf verzichtet, die heiligen Texte philologisch historisch zu analysieren. Sie hatten die Lehre vom vierfachen Schriftsinn entwickelt. Der erste Sinn, der ‹sensus historicus› oder der einfache Wortsinn, bildete auch die Grundlage der scholastischen Exegese. Erst wenn der genaue wörtliche Sinn gefunden war, konnte man zu den ‹höheren› Fragen, zum moralischen, allegorischen oder anagogischen Sinn, also zu übertragenen Deutungen, eines Schriftwortes fortschreiten. Aber der historische Sinn hing für die zeitgenössischen Theologen nicht nur am Inhalt, sondern auch an der Form der heiligen Texte. Sie philologisch zu kritisieren, wie die Humanisten das schon länger mit weltlichen Texten taten, war für ängstliche Naturen im frühen 16. Jahrhundert undenkbar. Was hatte sich Valla da herausgenommen? Er glaubte, den heiligen lateinischen Text, den die heilige Kirche approbiert hatte, der in den Gottesdiensten gelesen wurde, den ein Heiliger übersetzt hatte und den unzählige Heilige rezitiert hatten, der die Grundlage für die Konzilsdekrete und die *Canones* der Kirche bildete, er glaubte, diesen heiligen Text verbessern zu können, und Erasmus, der damals noch nicht einmal einen theologischen Doktortitel besaß, glaubte ihm darin folgen zu müssen. Unerhört, was diese neumodischen Grammatiker sich herausnehmen, empörten sich Laien und Fachwelt.[56]

Das päpstliche Rom

1506 bot sich Erasmus die Gelegenheit, endlich nach Italien, in das Land der Sehnsucht aller Humanisten, zu reisen. Erasmus konnte zwei vornehme junge Herren an italienische Universitäten begleiten und nutzte die Reise für einen längeren Aufenthalt, der ihm erlaubte, viele griechische Texte zu studieren. Zunächst aber erwarb er sich den theologischen Doktortitel in Turin. Die mediokre Universität war geehrt, einen so bekannten Literaten promovieren zu können, und machte keine Umstände. Ganze vierzehn Tage benötigte Erasmus für die Promotion. In Rom konnte er wertvolle Freundschaften mit humanistisch gesinnten Kardinälen knüpfen, Freundschaften, die seinen Ruf als Huma-

HIMMELSPFORTE
Was ?! Du hier!
Komm doch herein, Martin, ich werde dich gerne einführen

nisten europäischen Ranges festigten und ihm Ruhm und Wohlwollen am Papsthof sicherten. Das ermöglichte ihm überhaupt erst, seine kühnen Schriften in immer neuen Auflagen zu publizieren, Schriften, die nicht nur die kirchliche Praxis kritisierten, sondern auch die überkommene Dogmatik und Theologie in Frage stellten. Versuche, diese verbieten zu lassen, scheiterten zu seinen Lebzeiten am Einspruch seiner römischen Freunde.

Aber hier lernte er auch eine Kurie kennen, die mit ihren Rechtsmitteln und blutigen Kriegen Machtpolitik betrieb, Ämter verschacherte und mit Sündenablässen handelte und so aus der Erlösungssehnsucht der Christen Kapital schlug. Erasmus sah den zur Schau gestellten Prunk am Papsthof und eine kaum zu überbietende Anmaßung und Überheblichkeit. Unter diesem Eindruck ließ er in einem witzigen Dialog den kriegerischen Papst Julius nach dessen Tod auf dem Schlachtfeld an die Himmelstür klopfen. Petrus aber öffnet sie nicht. Herrisch pocht der Papst auf seine Bullen und Ablässe und brüstet sich mit seinen kriegerischen Heldentaten, seiner Verachtung der Konzilien und seinen politischen Winkelzügen. So entpuppt er sich als grotesker, lasterhafter Unmensch, der für Petri Sicht einer demütigen Kirche in der Nachfolge Christi keinerlei Verständnis hat. Erasmus ließ den Dialog nur zum Vergnügen unter seinen engeren Freunden kreisen. Von einem draufgängerischen jüngeren Verehrer, dem reformatorisch gesinnten Ulrich von Hutten, wurde er 1517 anonym veröffentlicht und fand großen Nachhall in der aufbrechenden Reformationsbewegung. Es war eines der wenigen Werke von Erasmus, das Luther vorbehaltlos guthieß. Erasmus selbst aber hat sich nie dazu bekannt.[57]

Die *Adagia*

Nachdem er sich von seinen Schülern getrennt hatte, konnte Erasmus in Venedig als Gast des berühmten Verlegers Aldus Manutius bei dessen Schwiegervater wohnen. Dürfen wir ihm glauben, so war die Gastfreundschaft alles andere als angenehm. Erasmus behauptete in einem *Colloquium*, der knauserige Hausherr habe den vielen Druckergesellen und Gästen meist nur altes, mit

Lehm versetztes Brot gereicht. Immerhin konnte man die harten Brotbrocken eintunken, freilich in einen besonderen Wein:

Gilbert: *Antronius* [der Gastgeber] *klagte grenzenlos, wenn ein Tag verging, an dem er keinen gewinnbringenden Handel abschließen konnte. Und wenn das gelegentlich vorkam, dann suchte er zuhause den Verlust wettzumachen.*

Jakob: *Wie machte er denn das?*

G.: *Er hatte, wie es in Venedig üblich ist, in seinem Hof einen Brunnen. Daraus schöpfte er einige Krüge voll Wasser und goss sie in die Weinfässer. Das warf einen sicheren Gewinn ab.*

J.: *Der Wein war wohl zu schwer.*

G.: *Ganz im Gegenteil, er war mehr als hinüber, der reine Essig. Er kaufte nämlich nur verdorbenen Wein, den er billiger bekam. Damit nichts davon umkomme, vermischte er ihn oft mit zehn Jahre altem Bodensatz und rüttelte und schüttelte das Ganze, bis es wie junger Wein aussah.* [...] *Er wies keinen noch so kleinen schmutzigen Gewinn zurück.*

J.: *Du meinst wohl keinen Betrug.*

G.: *Die Kaufleute nennen das Gewinn.*

J.: *Aber was trank denn derweil Antronius selbst?*

G.: *Fast denselben Nektar.*

J.: *Wurde ihm nicht schlecht?*

G.: *Er war zäh, er hätte selbst Heu fressen können, und er war, wie gesagt, von klein auf an solche Leckerbissen gewöhnt. Solchen Gewinn hielt er für den sichersten.*[58]

Erasmus reihte sich in die zeitgenössischen Kritiker der frühneuzeitlichen Gewinnmaximierung ein. Er, der sich in Handelsstädten besonders wohlfühlte, verunglimpfte doch den Kaufmannsberuf: *Keiner betreibe ihn glücklich, er sei denn hinterlistig und verschlagen*, behauptete er.[59] Wie so viele andere, unter ihnen auch Martin Luther, gab er nicht der schwankenden Bevölkerungszahl und den Konjunkturlagen Schuld an den sich häufenden Hungerkrisen der Zeit, sondern der vermeintlichen Gier der Handelsherren; er dehnte den Vorwurf des geizigen Gewinnstrebens aber nicht wie Luther auch auf die produzierenden Bauern aus. Ihr Leben idealisierte er. Er rühmte, anders als die meisten Zeitgenossen, ihren Berufstand, in dem Mann und Frau gemeinsam für ihre Familie und das Gemeinwohl arbeiteten.[60]

Die Vorbehalte gegen den gewinnsüchtigen Schwiegervater von Aldus Manutius konnten ihn nicht aus Venedig vertreiben, denn die viel bewunderten aldinischen Drucktypen hatten es ihm angetan. Wie im Fieber arbeitete er zusammen mit dem hochgebildeten Verleger, um seine *Adagia*, seine kommentierte Zitatensammlung, neu herauszugeben und um Tausende von griechischen Sprichwörtern zu erweitern. Freunde schafften immer neue griechische Schriften herbei. Erasmus las und kommentierte oft in der Werkstätte, und Aldus druckte sofort. Ohne auf den Lärm der Druckpressen zu achten, suchte Erasmus die Zitate heraus, schrieb sie nieder oder zitierte auch aus seinem bewundernswerten Gedächtnis, hielt kaum inne, um den Kommentar zu formulieren, kurz, war so emsig, dass ihm keine Zeit blieb, *die Ohren zu kratzen*.[61] Die *Adagia* portionierten antike Weisheit in appetitliche, leicht verdauliche Häppchen. Bis ins 19. Jahrhundert hinein griffen Literaten gern auf sie zurück, um ihre Texte mit antiken Zitaten aufzupeppen. Sprichwörter waren beliebt, bereits das Mittelalter kannte Spruchsammlungen. Wie mancher andere hat später auch Martin Luther, allerdings nur unkommentiert und handschriftlich, Sprichwörter gesammelt, fast 500 Sprüche kerniger deutscher Volksweisheit. Dazu gehörten etwa: *Sein dreck stinckt auch* oder: *Er nympt kein blat furs maul*.[62] Erasmus dagegen sammelte Sentenzen von Denkern wie Homer, Platon oder Cicero, dazu Sätze aus der antiken Mythologie. Mit ihnen erschloss er für das Abendland eine bis dahin verschüttete Quelle von Lebensweisheiten. Aus Diogenes Laertius stammt etwa: *Simia in purpura* oder: *ein Affe im Purpurkleid*. Erasmus kommentierte: Es gebe Halter, die ihren Affen Kleider anziehen und ihren Spaß daran haben, wenn Unerfahrene darauf hereinfallen und sie für Menschen halten. *An den Fürstenhöfen trifft man andere Affen: Nimmst du ihnen ihren Purpur, ihre Kette, ihre Ringe weg, dann entpuppen sie sich als die reinsten Proleten*. Viele der von Erasmus gesammelten antiken Sentenzen fanden später Eingang in unsere Volkssprachen, wie etwa *Eulen nach Athen tragen*, *Öl ins Feuer gießen* oder *Schuster bleib bei deinen Leisten*.[63]

1509, auf dem Rückweg von Italien, fiel dem gut Vierzigjährigen beim Ritt über den Septimerpass die Idee zu seinem bekanntesten Werk zu, zum *Lob der Torheit*. Nach England zurückgekehrt, schrieb er es in kurzer Zeit nieder im gastlichen Haus und am reich gedeckten Tisch seines stets zu Scherzen aufgelegten Freundes Thomas Morus. In dem kurzweiligen Werk besingt die personifizierte Torheit ihr eigenes Lob.[64]

Eine Frau Torheit, welche die Narren mit Reden verführt, die kaum von denen der Weisheit zu unterscheiden sind, kommt schon im biblischen Buch der Sprüche vor. Mittelalterliche Theologen haben in ihr eine Häretikerin gesehen, und als Narrenmutter führte sie Fastnachtszüge an. Alle diese Rollen verschmolz Erasmus in seiner schillernden Närrin. Wie im Buch der Sprüche sieht bei Erasmus die Torheit der Weisheit zum Verwechseln ähnlich, bei ihm werden sie gar ununterscheidbar. Die Torheit wird zur Weisheit. Dabei berief Erasmus sich auf Paulus. Der Apostel hatte mit Blick auf das Kreuz Christi gelehrt: *Gott hat erwählt, was töricht ist vor der Welt* und hat beschlossen, *durch die Torheit die Welt zu retten*.[65] Die Menschen sind alle Toren, folgerte daraufhin Erasmus kühn, und Christus wurde, um der Torheit der Menschen abzuhelfen, gleichsam selbst zum Toren. So kann die Torheit frech behaupten, sie sei es, die die Welt im Innersten zusammenhält.

Zunächst freilich begründet die Torheit ihren Anspruch gewissermaßen empirisch. Sie steigt auf einen Berg. Es bietet sich kein schöner Ausblick. Der Geburtsvorgang des Menschen ist hässlich, und als Erwachsener plagt er sich, um schließlich jämmerlich zu sterben. Die Menschen müssen sehr töricht sein, um dieses elende Spiel mitzuspielen.

Es bleibt nicht bei diesem ersten Ausblick. Die Torheit steigt weiter hinauf in den Olymp und betrachtet mit den von reichlich Nektar angeheiterten Göttern das Treiben der Menschen. Wie ist das lustig! Der eine begehrt sehnlichst eine Frau, die ihn nicht mag, der andere freit ohne Zögern eine Mitgift. Da belügen und überlisten sich die Menschen, jeder führt den anderen an der Nase herum. Wie ein Schwarm Mücken spielen, zanken, lieben, tollen und sterben sie.

Je nach Blickpunkt kann man die Lage verschieden, als hässlich oder als lustig, beurteilen. *Was auf den ersten Blick der Tod ist, wird, wenn du genauer hinschaust, zum Leben*, belehrt uns die Torheit. *Was schön ist, erscheint hässlich, was reich, ärmlich, was schändlich, heldenhaft.*[66] Wer genügend Abstand zu sich und seiner Zeit gefunden hat, der kann die ganze Zwiespältigkeit der Welt erkennen und fröhlich darüber lachen.

Erasmus gibt Einblick in die menschliche Seele und ihre Abgründe mit Einsichten, die bereits an die Psychologie um die Wende zum 20. Jahrhundert erinnern. Der Humanist schrieb: Die Menschen überspielen mit Selbstgefälligkeit und Geltungssucht ihre Mängel. Je minderwertiger sie sind, umso größer ihr Dünkel. Aber hat die Selbstgefälligkeit nicht auch ihr Gutes? Wer könnte einen anderen lieben, solange er sich selbst hasst? Gleiches gilt für die Ruhmsucht. Ohne Ruhmsucht hätten die Menschen kein einziges Kunstwerk geschaffen und keine Erfindung erdacht. Die verpönten Leidenschaften sind unverzichtbar: *Bei jedem guten Werk sind sie dabei,* […] *indem sie dazu antreiben, das Beste zu geben.* – Was wäre das für ein Mensch, der alle Leidenschaften in sich abgetötet hätte? *Wer würde nicht wie vor einem Scheusal vor einem Menschen fliehen,* […], *der sich herzlos nicht mehr durch Liebe oder Mitleid bewegen ließe?*[67]

Die Torheit rühmt sich, sie regiere überall: in den Ratssälen, wo man sich mit hohlen Reden übertrumpft; in den Kirchen, wo man Kerzen für die Heiligen opfert, statt in sich zu gehen und sich zu ändern; auf den Rednerpulten, wo es nur darum geht, den Kollegen auszustechen; im Krieg, wo der tollkühne Draufgänger dem verzagten, ewig abwägenden Weisen weit überlegen ist; in der Liebe allemal, in der Philosophen und Kriegshelden nur für einen Drüsenkitzel sich zu lächerlichsten Schmeicheleien herablassen bei den Frauen, die ihrerseits um einer kurzen Lust willen ihre Ehre verkaufen.

Toleranz

Die Zeit von Erasmus war reich an Satiren, aber keine war so kühn wie seine. Alle nahm er aufs Korn: Die Kirche, alle von den Reformatoren später angeprangerten Missstände schon verspottend, aber auch Universitäten, Politiker, Adlige, Kaufleute, Soldaten, Männer und Frauen. Wer wollte ihm auch etwas anhaben? Wer die Torheit ernst nahm, entpuppte sich selbst als Tor. Da waren auch die Ketzerjäger machtlos. Sie schwiegen lange. Erst als Erasmus wegen anderer Schriften der Häresie angeklagt wurde, haben sie auch das *Lob der Torheit* verurteilt. Gerade solche Ketzerjäger nimmt die Frau Torheit aufs Korn: *Jetzt zu den Theologen! Es wäre allerdings vorzuziehen, sie mit Schweigen zu übergehen […], sind diese Art Menschen doch außerordentlich arrogant und empfindlich. Es ist zu befürchten, dass sie mit einem Heer von 600 Conclusionen auf mich losgehen und mich zum Widerruf drängen und – sollte ich mich weigern – dann schreien sie sofort: Häresie!*[68]

Mit solcher Art von Torheit will Frau Torheit nichts zu tun haben.

Ihr setzt sie die Duldsamkeit Christi entgegen. Sie fordert damit die mächtigsten Institutionen ihrer Zeit heraus: die Universitäten, die Häretiker entlarvten, die Kirche, die sie exkommunizierte, und die weltlichen Obrigkeiten, die sie mit dem Tode bestraften. Der große Scholastiker Thomas von Aquin hatte die allgemein anerkannte Begründung für Häretikerverfolgungen formuliert: Häresie wachse nicht wie der Unglaube einfach aus Unwissen, sondern aus Stolz und Ehrsucht und einer phantastischen Einbildung. Weil sie die Seelen verderbe, sei sie das schwerste Verbrechen und müsse mit dem Tode bestraft werden. Darum solle die Kirche aus Sorge um die ihr anvertraute Herde Häretiker exkommunizieren und der weltlichen Obrigkeit zur Todesstrafe übergeben. Das entsprach den kanonischen und kaiserlichen Gesetzen und der Rechtspraxis.

Die Torheit spricht nun genau die Eigenschaften, die Thomas den Häretikern zusprach, den Theologen zu: Sie sind *arrogant und empfindlich* und *glücklich in ihrem Wahn* glauben sie schon im dritten Himmel zu wohnen.[69]

Die Botschaft ist klar: Wie die Torheit behauptet, dass alle Menschen Toren sind, so auch, dass alle Theologen Häretiker sind. Wer Irrglauben durch Feuertod aus der Welt schaffen wolle, sei genauso unrealistisch, wie einer, der die Dummheit ausmerzen wolle. Erasmus erweist sich mit seinem *Lob der Torheit* als einer der ersten Verfechter einer Toleranz gegenüber Häretikern. Wie so oft ging Erasmus seiner Zeit voran und ahnte spätere Entwicklungen voraus. Das Werk wurde 1508/09 niedergeschrieben, einige Jahre vor dem fünften Laterankonzil, das die neuen philosophischen Häresien im Jahre 1513 diskutierte und im Jahre 1515 erstmals eine Bücherzensur einführte. Erasmus warf die Frage auf, bevor sich viele Regionen im Reich der Reformationsbewegung anschlossen und die Häresiefrage vollends virulent wurde. Der Humanist hielt an seiner Toleranzforderung auch später fest, als sie ihm selbst Häresievorwürfe einbrachte. In einer Verteidigung seiner *Torheit* schrieb er: Wenn man den heiligen Kirchenvater Hieronymus, ganz zu schweigen von Cyprian oder Laktanz genauso kritisch lesen würde wie sein *Lob der Torheit*, dann würde man auch bei diesen verehrten Lehrern vieles finden, was man ‹häretisch› nennen könnte. Ja Erasmus deutete gar an, man könne auch Christus einen *Häretiker* nennen, wenn man bedenke, *wie er eine ganz neue Art von Lehre einführte, die ganz anders war als alles, was Weise und Narren lehrten.*[70] So versuchte er, die Gesellschaft seiner Zeit aufzurütteln, die Verurteilungen von Häretikern ohne Aufschrei hinnahm.

Jesu Gleichnis vom Unkraut unter dem Weizen, das bis zur Ernte stehen bleiben und erst dann von dem Weizen gesondert werden soll (Mt 13,24-30), legte Erasmus im Jahre 1522 so aus: Mit dem Unkraut sind die Häretiker gemeint. Christus will nicht, dass sie getötet werden. Sie sollen ertragen werden. Vielleicht sind sie noch zu bekehren. Wer das Unkraut ausreißt, wird den Weizen mit verderben.[71] 1530 erklärte er gar, dass die Rechtgläubigen gerade durch die Diskussion mit Häretikern viel lernen und so ihren Glauben vertiefen können. Für Erasmus führte erst die Kenntnis der Häresien zu einem hinreichenden Verständnis des apostolischen Glaubensbekenntnisses, das in der Auseinandersetzung mit Häretikern und mit dem Ziel, deren Lehren abzuwehren, entstanden sei.[72] Darum behandelte er die frühchristlichen von der Kirche verurteilten Lehren breit in seiner Auslegung des Glaubensbekenntnisses. Solchem Vorgehen stand Luther völlig verständnislos gegenüber. So untergrabe Erasmus jede Religion, er lehre ja geradezu, dass in der christlichen Religion nichts sicher sei, wetterte der Reformator empört.[73]

Mit seinem Ruf nach Toleranz fand Erasmus lange Zeit nur bei Separatisten und Dissidenten Anhänger. Katholische wie protestantische Obrigkeiten meinten dagegen, unterstützt von ihren Theologen, den jeweiligen ‹einzigen wahren, allein seligmachenden Glauben› bei ihren Untertanen durchsetzen zu dürfen und zu müssen.

IV Das Neue Testament – Erster Basler Aufenthalt

Das *Lob der Torheit* niederzuschreiben, war gleichsam ein Sonntagsspaziergang verglichen mit der Herkulesarbeit, an die Erasmus sich nun machte. Er begann griechische Handschriften des Neuen Testamentes zu vergleichen und Emendationsregeln zu entwickeln, mit denen er von Kopisten verderbte Sätze wiederherstellen konnte. Mit Anmerkungen zum Neuen Testament wollte er Textstellen bereinigen und für ungezählte Worte und Sätze ein besseres Verständnis erschließen. Auch eine erste ‹wissenschaftliche› Ausgabe von Briefen des Kirchenvaters Hieronymus hat Erasmus nun in Arbeit: *Schweißtriefend rackerte ich mich ab und schwitze immer noch, um die Briefe des heiligen Hieronymus gereinigt der Menschheit in die Hände zu legen. Der Text ist total verdorben. Dabei ist Hieronymus nach meiner Meinung fast der einzige unter den lateinischen Theologen, der es verdient, dass alle ihn lesen.*[74] Mit schon weit gediehenen Manuskripten im Gepäck schiffte sich Erasmus in England zur Rückreise auf den Kontinent ein. Es waren die Erstlinge zu seinem Lebenswerk: der Reinigung des Neuen Testamentes und der Wiederbelebung der Kirchenvätertheologie. Alles ließ sich gut an: Das Meer war ruhig, der Wind günstig, der Himmel klar. Als sie auf offenem Meer segelten, schaute Erasmus nach seinen Kisten. Welch Schreck, die Kiste mit den Manuskripten war nicht zu finden! *So viele Jahre von Nachtwachen sind verloren, ich glaubte, keine Mutter kann einen so großen Schmerz um den Verlust ihrer Kinder empfinden.*[75] Auf dem Festland fand sich die Kiste wieder, sie war auf ein anderes Schiff verladen worden. Das sei so eine List der Matrosen, um Geld zu erpressen, schrieb der erleichterte Erasmus im Schloss seines gastfreien ehemaligen Schülers, Lord Montjoy.

Aber da erwartete ihn schon der nächste Schrecken. Servatius Roger, sein ehemaliger Freund, nun Abt seines Klosters, beorderte ihn brieflich zurück in die Klausur. Die Freude war dahin. Am anderen Tag schrieb Erasmus einen langen Absagebrief. Er sei nicht bereit, den geschuldeten Gehorsam zu leisten. Er könne nicht zurück in die enge, von Neid und übler Nachrede verpestete Atmosphäre des Klosters, wo die Zeremonien noch das Beste seien. Aber die könne sein schwacher Körper fast nicht überstehen, und sie führten auch nicht zu wahrer Frömmigkeit. *Du glaubst vielleicht, es sei ein besonderes Glück unter den Brüdern zu sterben.* Aber das sei ein Irrtum. Es komme doch beim Sterben nicht auf den Ort, das Kleid, die Speise oder allerlei Zeremonien an. *Ich wage zu sagen: ein großer Niedergang der christlichen Frömmigkeit entstand aus diesen, wie sie es nennen, Religionsübungen, wenn sie auch vermutlich zu Beginn aus frommem Eifer eingeführt wurden.* Die Mönche achteten auf Riten und auf die ‹stabilitas loci›, die Ortsgebundenheit, aber nicht auf ein christliches Leben. Dabei sei das doch das Entscheidende. Sogar der heilige Hieronymus habe sich als Mönch nicht an die ‹stabilitas loci› gehalten. Lebte er doch in Rom, in Syrien und in Antiochia.

Offenbar kommt dem ungehorsamen Augustiner Chorherren beim Hinweis auf den Kirchenvater Hieronymus der Gedanke, dass es für einen Klosterbruder recht unpassend ist, sich mit dem berühmten Heiligen auf eine Stufe zu stellen. Er räumt ein, er sei mit ihm nicht zu vergleichen. Kann es dann aber doch nicht lassen, sich zu rühmen, ja die Feder geht geradezu mit ihm durch. Er sei *von den Anerkanntesten anerkannt und von den Gepriesensten gepriesen worden.* In ganz Europa werde er mit Geschenken und Dank überhäuft von Fürsten und Kardinälen, von Gelehrten und hohen Amtsinhabern. Sie werden mit Namen genannt und die Höhe der Geldgeschenke angegeben. Erst nach diesem Eigenlob bringt er die Sache auf den Punkt: Nein, er sei zu anderem geboren. Er habe in den letzten zwei Jahren die Briefe des Hieronymus für eine Neuausgabe vorbereitet und *durch das Kollationieren von griechischen und lateinischen Handschriften das ganze Neue Testament gereinigt und über 1000 Stellen erklärt nicht ohne Nutzen für die*

Theologen. [...] Denn mir ist es auferlegt, in den Heiligen Schriften zu verweilen. Darauf verwende ich meine Muße wie meine Arbeitszeit. Nein, er komme nicht nach Holland zurück, er wolle nach Basel, vielleicht anschließend nach Rom. Er schließt: *Ich bitte Dich, vernachlässige nicht, Christus mein Wohlergehen in Deinen frommen Gebeten zu empfehlen. Wenn ich sicher wüsste, dass Christus es für richtiger hielte, wenn ich in Eure Gemeinschaft zurückkehrte, würde ich mich noch heute auf die Reise machen. Lebe wohl! Einst mein liebster Kamerad, nun mein verehrungswürdiger Vater.*[76]

Die Druckerei Froben in Basel

Entschlossen reiste Erasmus nach Basel. Dort hatte der noch unbekannte Verleger Johann Froben die drucktechnisch so hervorragende aldinische Adagia-Ausgabe nachgedruckt und zwar so gekonnt, dass man sie, so versicherte Erasmus, kaum von der originalen unterscheiden könne, ja, Frobens Typen seien fast noch schöner. Daraufhin hatte ein Buchhändler, dem Erasmus in England Manuskripte für eine Druckerei in Paris anvertraut hatte, diese stattdessen in das Verlagshaus nach Basel gebracht. Erasmus zeigte sich gegenüber dem Pariser Drucker empört, wünschte aber dennoch auf jeden Fall diesen aufstrebenden und offenbar sehr fähigen Basler Drucker kennenzulernen.[77] Vor Ort wollte er dann entscheiden, ob die *Hieronymusbriefe* und seine *Anmerkungen* zum Neuen Testament statt in einem seiner bisherigen Verlagshäuser besser in Basel herauszugeben wären. Er ließ sich von gelehrten Briefbekanntschaften beim Drucker einführen und gab sich zum Spaß zunächst als einen Unterhändler des Erasmus aus.

Johann Froben übergab ich von Erasmus gesendete Briefe und fügte bei, ich sei sehr eng mit ihm befreundet. Erasmus habe mir aufgetragen, über die Herausgabe seiner Schriften abschließend zu verhandeln, so dass, was ich abmache, gelte, als ob es Erasmus selbst abgemacht hätte. Auch sei ich ihm so ähnlich, dass, wer mich sehe, Erasmus sehe. Wie hat er hinterher gelacht, als er den Betrug bemerkte.[78]

Sie verstanden sich. Der nur wenig geschulte, aber ausgesprochen geschickte und geschäftstüchtige Drucker und der hochgebildete Gelehrte arbeiteten bis zum Tode Johann Frobens erfolgreich zusammen, und Erasmus blieb dem Verlagshaus treu, als es auf den Sohn Hieronymus überging. Froben ging auf Erasmus' Wünsche ein. Erasmus konnte bei ihm seine Werke leserfreundlich gestalten: mit Paragraphen, Indizes, Anmerkungen, Zusammenfassungen. Er konnte sich auch auf seinen Drucker verlassen, wenn er schnell auf eine Invektive antworten und eine Streitschrift noch vor der Frankfurter Messe publizieren wollte. Dann arbeiteten alle für ihn auf Hochtouren, die Druckergesellen und die gelehrten Assistenten.[79]

Gleich machten Froben und Erasmus sich an die Arbeit. Für die Hieronymusbriefe entschlossen sie sich zum folgenden kundenorientierten Vorgehen:

Wir ordnen die Briefe so an: Zuerst drucken wir die Briefe ab, die Hieronymus tatsächlich selbst geschrieben hat, dann zweitens Briefe, die ihm fälschlich zugeschrieben werden, aber doch verdienen gelesen zu werden. Schließlich wollen wir drittens auch die unechten noch nachschieben, die von einem, ich weiß gar nicht wie geistlosen und unverschämten Windbeutel ihm unterschoben wurden. Ich werde begründen, warum sie unserer Meinung nach nicht von Hieronymus zu stammen scheinen; so erreichen wir beides: der Leser wird nicht durch eine falsche Zuschreibung getäuscht, und keiner, dem solcher Quatsch gefällt, sucht sie in dem Band vergebens.[80]

Das *Novum instrumentum* von 1516

Für das Neue Testament wurden nochmals Handschriften konsultiert. Als Grundlagentexte benutzte Erasmus Handschriften, die der bedeutende Dominikaner, Konziliarist und Reformkatholik Johannes von Ragusa 1438 von einer Gesandtschaft in Konstantinopel an das Konzil von Basel mitgebracht und dem Dominikanerkloster vermacht hatte. Denn nun entschlossen sich Erasmus und Froben, einen zweisprachigen Text in Spalten herauszugeben: den gereinigten griechischen Text, daneben eine korrigierte lateinische Fassung und dazu die *Annotationes*, welche die Korrekturen begründeten. Sie machten sich mit größter Eile ans Werk.

Sie hatten wohl Wind davon bekommen, dass Gelehrte in Alcalá bereits dabei waren, eine mehrsprachige Gesamtausgabe der Bibel herauszugeben. Das Neue Testament war schon abgeschlossen. Es lag in Druckfahnen vor. Das war eine bedrohliche Konkurrenz, stand doch viel Geld auf dem Spiel. Dazu war zu befürchten, die Orthodoxen in Alcalá würden den Text der *Vulgata* kaum ernsthaft kritisieren wollen. Damit würden sie aus der Sicht des Erasmus der Theologie einen sehr schlechten Dienst erweisen. Dem wollten Erasmus und Froben zuvorkommen. Erasmus arbeitete in größter Hast, unterstützt von bestens ausgewiesenen Helfern wie Johannes Oekolampad, dem späteren Reformator von Basel. Aber die Handschriften waren nicht vollständig. Die *Offenbarung* fehlte. Eilig wurde vom Hebraisten Johannes Reuchlin ein ausgeliehener Text zurückbeordert. Er enthielt mit einem Kommentar die *Apokalypse*, aber auch dort fehlte die letzte Seite: sechs Verse der Offenbarung. Kurzerhand entschloss sich Erasmus, sie aus der *Vulgata* ins Griechische zurückzuübersetzen. Dass Erasmus immerhin anmerkte, der Text habe gefehlt, machte die Sache nicht viel besser, zumal er frech behauptete, es gäbe keinen griechischen Textzeugen mehr dazu. Bis heute hat ihm die gelehrte Welt dies nicht verziehen, obwohl er den Fehler in der Ausgabe von 1527 ausbesserte, nachdem ihm die Polyglottenbibel aus Alcalá zugänglich geworden war.

Aber was Finanzen und Ehre betraf, lohnte sich die Rückübersetzung. Man kam der *Alcalá*, der sogenannten *Complutensis*, zuvor. Diese sorgfältig gearbeitete Polyglotte, die mehr und ältere Handschriften als Erasmus benutzt hatte, dabei allerdings ohne die methodische Schärfe von Erasmus vorgegangen war, erschien erst 1522 auf dem Markt. Erasmus' *Novum instrumentum*, so der Titel der Erstausgabe von 1516, hatte ihr den Rang abgelaufen. Sein griechischer Text wurde zur lange kaum hinterfragten, anerkannten Textgrundlage und die Übersetzung sowie die Anmerkungen zum wichtigen Hilfsmittel für die Theologen. Zu Lebzeiten erschienen fünf jeweils bedeutend überarbeitete Ausgaben: 1519, die Ausgabe mit einer viel kühneren lateinischen Neuversion, weitere 1522, 1527 und noch ein Jahr vor Erasmus' Tod 1535 die letzte. In sorgfältigen Anmerkungen erklärte und begründete der Bibelphilologe seine Abweichungen von der *Vul-*

gata. Er vermehrte sie von Ausgabe zu Ausgabe und weitete sie bisweilen zu kleinen theologischen Essays aus. 1516 füllten sie 294 Folioseiten, 1535 waren sie auf 783 angewachsen.[81] Manche Anmerkungen waren so brisant, dass sich ein Kauf der jeweils neuesten Ausgabe lohnte.

Dogmatische Folgen

Denn Erasmus entlarvte zum Beispiel Belegstellen für wichtige Dogmen als Fehlübersetzungen. So strich er die in der *Vulgata* im ersten Johannesbrief 5,7b–8a erst seit dem neunten Jahrhundert nachweisbaren Sätze, welche mit der Aufzählung *Vater, Wort und Geist und die drei sind eins* auf die himmlische Trinität wiesen. Sie seien in allen von ihm eingesehenen Manuskripten nicht vorhanden. Da sie als eine grundlegende biblische Belegstelle für die Trinitätslehre galten, war die Kritik an der Streichung besonders hart. Erasmus wurde als Arianer, als Leugner der Trinitätslehre, verschrien. Erst nachdem sich ein allerdings später griechischer Codex fand, der die trinitarische Formel enthielt, war Erasmus 1522 bereit, sie wieder aufzunehmen. So konnte er Verleumdungen vorbeugen. Er merkte jedoch an, er denke, ein Schreiber habe den Satz eingetragen, um den griechischen Text der *Vulgata* anzugleichen. Das entspricht dem heutigen Forschungsstand.[82] Auch Belegstellen für das Bußsakrament erschütterte Erasmus, wenn er zum Beispiel μετανοεῖτε (tut Buße!) als Mahnung verstand, umzudenken und seine Sünden zu bereuen, und nicht als Aufforderung zur kirchlichen Bußpraxis mit ihren Bußleistungen und Strafen.[83] Luther wird ein Jahr später genau dieses Bußverständnis seinen 95 Thesen gegen den Ablass zugrunde legen.[84] Auch die einzige neutestamentliche Belegstelle für die Lehre von der Originalsünde fiel, wenn man Erasmus folgte. Die *Vulgata* übersetzte Röm 5,12 so, dass der Tod über die Menschheit kam durch Adam, *in dem (in quo) alle gesündigt haben*. Durch den Sündenfall Adams sind demnach, so lehrte der Kirchenvater Augustin, alle Menschen, ob persönlich schuldig geworden oder nicht, von Geburt an mit einer von Adam ererbten Sünde behaftet. Erasmus übersetzte

1516 statt *in dem alle gesündigt haben* mit *aufgrund dessen, dass (in eo quod) wir alle gesündigt haben* und 1519 noch kühner: *insofern (quatenus) alle gesündigt haben.* Nach ihm habe also Adam nicht die Sünde als Erbe jedem weitergegeben, sondern würden alle Menschen wie Adam sündigen. Paulus spreche nicht von einer Erbsünde, sondern nur vom Hang zur Sünde jedes Einzelnen. In einer später erweiterten Anmerkung dazu verteidigte Erasmus sich gegen den Vorwurf, genauso wie der Häretiker Pelagius zur Zeit Augustins die kirchliche Lehre von der Erbsünde zu bestreiten;[85] nichtsdestotrotz stellte Erasmus in Frage, dass ungetaufte Kinder verdammt seien.[86]

Kirchenreform

Andere Anmerkungen warben ganz im Sinne der Reformatoren mit einem neu übersetzten Bibelvers für eine Reform der Kirche. So Erasmus' Erklärung zu Mt 11,30, wo Jesus einlädt, sich unter seine Herrschaft zu stellen mit der Zusicherung: *Denn mein Joch ist süß (*griechisch χρηστὸς*),* was die *Vulgata* mit *suave* wiedergegeben hatte, *und meine Last ist leicht.* Erasmus übersetzte χρηστὸς mit *commodum,* also: mein Joch ist bequem oder zweckmäßig oder angenehm, und widmete seiner Neuübersetzung einen ganzen Essay.

Erasmus erklärte darin: Das mosaische Gesetz war hart und unerträglich, Christus aber forderte nur Liebe, Liebe, die alles angenehm macht. Die ‹philosophia Christi›, die gute Botschaft Jesu, stellt die Unschuld der gefallenen Menschen wieder her und bringt die Freiheit vom Gesetz des Alten Testamentes. Jetzt aber hat die Kirche mit ihren Dekretalien viele neue menschliche Gesetze aufgestellt, die das Leben der Christenheit wieder genauso hart und fast unerträglich machen wie zu Zeiten des Alten Testamentes. Zunächst mögen die kirchlichen Gesetze als kleine Richtlinien vernachlässigbar, ja hilfreich und gut erschienen sein, sie haben allerdings die Tendenz anzuwachsen und sind jetzt wieder drückend geworden. Die kirchliche Hierarchie schafft nun solch fragwürdige Gesetze nicht mehr ab, weil sie ihr nützen. Die Scholastiker haben sie gar zu einer Art von Glaubensartikeln erhoben. Wie leicht und einladend ist die Lehre

Christi und der Apostel und wie dornenvoll und finster haben sie irgendwelche Ehrgeizlinge durch menschliche Zusätze gemacht! So wird die Heilige Schrift zu einem Gaukelspiel, und das menschliche Leben ist zu kurz, um sich in den Gesetzen zurechtzufinden und alle die vorgeschriebenen Regeln zu lernen. Schon Augustin hat über die vielen neuen Gesetze geklagt, welche die Menschen im römischen Reich mehr beschwert hätten als die Israeliten zur Zeit des Alten Testaments. Was würde der Kirchenvater wohl heute zu den vielen kirchenrechtlichen Vorschriften, den Zeremonien und dem Gepränge in den pompösen Kirchen sagen? Sogar die Sakramente werden missbraucht, um das Volk zu unterdrücken und zu erpressen. Die Fastengesetze sind heute schwerer einzuhalten als die Essvorschriften der Israeliten. Feste und heilige Tage ohne Zahl hindern die Eltern, einem Verdienst nachzugehen. Am Ende müssen sie wegen der Feiertagsheiligung ihre Kinder darben lassen.

So zog Erasmus weiter über alle Missstände in der Kirche her, die auch die Reformatoren geißelten: über unkündbare Klostergelübde, die kirchliche Ehegesetzgebung mit zahlreichen Ehehindernissen, den Ablass, den Kirchenbann etc. Er stellte zusammenfassend fest: Die Unterdrückung findet kein Ende, und täglich kommen neue Gesetze hinzu. In den Kirchen werden kaum mehr die Evangelien verlesen, dafür Dekrete und richterliche Aufrufe. Christus ist nicht gekommen, um das Volk auszunutzen und zu beschweren, sondern um es durch sein Blut zu befreien. Um die vielen Missstände abzustellen, forderte Erasmus ein Konzil. Es gelte, die Freiheit wieder neu aufzurichten, allerdings dürfe die Freiheit – das zu betonen, ist typisch für Erasmus – nicht missbraucht werden. Er mahnte:

Aber dazu sollen wir uns alle gegenseitig auffordern, dass wir nach der Lehre des Paulus die uns von Christus geschenkte Freiheit so ergreifen, dass wir sie nicht zum Vorwand für fleischliche Gelüste nehmen und unter dem Deckmantel der Freiheit umso schändlicher unseren Verfehlungen dienen. Stattdessen wollen wir das schwere Joch der Menschen abschütteln, um das wahrlich angenehme Joch Christi aufzunehmen.

Diese Anmerkung wurde schnell übersetzt und als deutsches Flugblatt gedruckt. So diente sie in den Anfangsjahren der Reformation als Kampfschrift – kaum zur Freude von Erasmus. Erasmus hatte am Ende seines Aufrufs gemahnt: Es ist jeder Aufruhr zu vermeiden. Es ist vielmehr Christus glühend zu bitten, die Herzen der Verantwortlichen zu rühren und zur Reform zu bewegen. Diese zu friedlichem Vorgehen auffordernde Schlussbemerkung ließen die Herausgeber des Flugblattes weg.[87]

Kirchenmusik

Eine andere Anmerkung von Erasmus hatte auf die Liturgie der reformierten Kirchen und die Entwicklung der vokalen Kirchenmusik großen Einfluss. In seiner Erklärung zu I Kor 14,19 hatte Erasmus die zeitgenössische Kirchenmusikpraxis angegriffen. Sie sei zu kostspielig, das Geld sollte lieber für die vielen Armen verwendet werden. – Das war im 16. Jahrhundert ein durchschlagendes Argument. Verschiedene Faktoren, wie Bevölkerungswachstum und die Einfuhr südamerikanischen Silbers, führten zu Inflation, Teuerung und Hungersnöten. Bittere Armut und Bettelei waren allgegenwärtig. – Auch könnten, mahnte der einstige Chorknabe, die vielen Chorsänger ihre Zeit besser für gute Studien nutzen, statt in endlosen Proben und langen Gottesdiensten zu ermüden. Aber nicht nur das, die zeitgenössische Kirchenmusik sei auch in sich verfehlt. Denn mit ihrer überbordenden Polyphonie – tatsächlich gab es bis zu sechsunddreissigstimmige Messen – seien die Worte, die vertont würden, überhaupt nicht mehr zu verstehen. Und darum müsse es doch gehen, dass der Hörer den Text verfolgen und innerlich mitgehen könne. Erasmus mahnte:

Paulus wollte lieber fünf Worte verständlich reden als zehntausend im Geist. [Erasmus verstand das Zungenreden, auf das Paulus anspielte, als Reden im Geist.] *Aber nun hat* [...] *sich in den Gottesdienst eine Art Musik eingeschlichen, bei der niemand irgendeine Stimme klar erfassen kann. Noch haben die, die singen, die Muße, darauf zu achten, was sie singen. Nur ein Gedröhn von Stimmen trifft auf die Ohren und betört mit schnell vergänglichem Vergnügen.* [...] *Was hört man in fast allen Klöstern, Kollegien und Kirchen anderes als ein Getöse von Stimmen? Dagegen gab es zur*

Zeit des Paulus keinen Gesang, sondern höchstens ein Deklamieren. Von den Nachfolgern wurde der Gesang gerade eben gestattet, aber so, dass er nichts anderes war als eine unterschiedlich geordnete und melodische Deklamation, eine Art Gesang, die sich bei uns noch erhalten hat, wenn wir nach heiliger Regel das Vaterunser singen. Und die Sprache, in der dies gesungen wurde, verstand das gemeine Volk immer noch und antwortete Amen. [...] *Die Kirchen sollen feierliche Gesänge haben, aber gemäßigte.*[88]

Solche Überlegungen veranlassten Huldrych Zwingli, für den Zürcher Gottesdienst statt des üblichen Chorgesanges Sprechgesang zu fordern, welcher der Gemeinde Gottes Wort näher bringen sollte. Auf eine so unerhörte Neuerung wollte der Rat der Stadt nicht eingehen und darum unterblieb bis zum Ende des Jahrhunderts jeder Kirchengesang in Zürich. Betonten doch Zwingli und sein Nachfolger Heinrich Bullinger, Paulus habe gefordert, die Christen sollten nicht wie die Trunkenen zusammenkommen, sondern nüchtern *im Herzen (*ἐν τῇ καρδίᾳ*)* Gott singen.[89] Die *Vulgata* hatte in der Mehrzahl übersetzt, in den Herzen sei zu singen. Erasmus beharrte darauf, es stehe ein Singular und sei, so in seinen *Paraphrasen*, als innerlich im Herzen zu verstehen. Daraus schlossen die Zürcher, es sei in den Gottesdiensten nur innerlich, im Herzen und eben nicht mit dem Mund zu singen. Luther hatte – nach anfänglichem Zögern[90] – den Vers fröhlich anders ausgelegt: von Herzen sei zu singen. Er schuf die Deutsche Messe und viele Choräle für den Gottesdienst, während in Zürich Choräle nur für den Hausgebrauch entstanden und verbreitet wurden.[91]

Im Kreis um Erasmus dürften die deutschsprachigen Choräle zunächst kaum Anklang gefunden haben, nicht weil Erasmus mit Zwingli und Bullinger Kirchengesang aufgrund seines Verständnisses von Eph 5,19 und Kol 3,16 ganz abgelehnt hätte. Die Bibelstellen wiesen für Erasmus nur auf die Richtung hin, in der die kirchliche Musikpraxis zu reformieren sei. Er hatte ja erklärt, *die Kirchen sollen festliche Gesänge haben, aber gemäßigte.* Die neugeschaffenen Choräle entsprachen jedoch nicht seinem Geschmack und waren schon gar nicht festlich in seinem Sinn. In den Ohren des musikalisch gut Ausgebildeten waren sie wohl allzu kunstlos. Er hatte als Chorknabe unter dem gemäßigten Polyphoniker Jacob Obrecht gesungen, dessen Kompositionen immer noch hörenswert sind. Die Choräle, wie er sie in Basel kennenlernte, entsprachen mit ihren einfachen Melodien und in der Art der Aufführung weder der hochstehenden Musikpflege, in der Erasmus aufgewachsen war, noch den antiken Musikformen, wie er und seine Freunde sie imaginierten und wiederbeleben wollten. Erasmus schwebte eine geistliche Musik vor, die den Text Satz für Satz ausdeuten sollte, während die Choräle als Strophenlieder für alle Verse dieselbe eingängige Melodie boten, die von ungeübten Kehlen vielleicht innig, aber kaum sehr kunstvoll abgesungen wurde. Ein zeitgenössischer Kartäuser in Basel beschrieb das so: *Die Lutherischen* – damit meinte er alle reformatorisch Gesinnten – fingen *in der Kirche zu St. Martin deutsche, in Verse gesetzte Psalmen nach der Straßburger Übersetzung abzusingen an, nach der gemeinen Art der Volkslieder und gar zu roh.*[92] Tatsächlich artete der Choralgesang oft in Gegröle aus und wurde von Reformfreudigen eingesetzt, um konservative Prediger niederzusingen.[93] Dass mit den Chorälen seiner Forderung, der Bauer und der Weber sollten hinter dem Pflug und dem Webstuhl Evangelientexte vor sich hin singen, immerhin ein Stück weit entsprochen wurde, wird Erasmus kaum bedacht haben. Wenige Jahre später aber schufen Musiker, die durchaus zum weiteren Kreis um Erasmus zu zählen sind, bis heute gesungene Choralmelodien und kunstvolle Choralmotetten. Zu nennen sind Sixt Dietrich, Heinrich Isaac oder Mathias Greiter, dessen Choräle der Reformator Johannes Calvin wohl schon 1536 in Basel und dann sicher in Straßburg kennenlernte. Der Choralgesang der Gemeinden überzeugte Calvin; wenig später initiierte er nach ihrem Vorbild den Genfer Psalter.

Was Erasmus für geistliche Vokalmusik gefordert hatte, hat sich bis heute in der Römisch-Katholischen wie in den protestantischen Kirchen stilbildend über Werke der Spätrenaissance, des Barock und der Romantik durchgesetzt: Die geistliche Musik soll den Text ausdeuten und den Inhalt verständlich in die Herzen der Hörer hineinsingen.[94]

Andere Übersetzungen und Anmerkungen waren erbaulicher. Da gibt es die Geschichte von den zwei Schwestern nach Lk 10,38-42: Martha, die umsichtige, tüchtige Hausfrau, plagt sich ab, um Jesus und seine Jünger zu bedienen, während ihre Schwester Maria zu Füssen des Meisters sitzt und ihm gebannt zuhört. Verständlich, dass Martha sich ärgert und Jesus bittet, ihre Schwester doch zur Mitarbeit anzuhalten. Der aber antwortet: *Martha, du machst dir viel Sorgen und Unruhe, aber nötig ist nur eines. Maria hat das beste Teil erwählt*, so die *Vulgata*: *optimam partem elegit*. Erasmus aber übersetzt das Griechische τὴν ἀγαθὴν μερίδα mit *bonam partem*. Sie habe einen *guten* Teil erwählt. Das eröffnete neue Möglichkeiten. Die gängige Auslegungstradition hatte die beiden Schwestern eindeutig bewertet als minderwertig und höherwertig: Sie standen für Fleisch und Geist, Vergänglichkeit und Ewigkeit, Überflüssiges und Notwendiges, die vergängliche Kirche und die ewige Gemeinschaft der Heiligen – und vor allem und die anderen Gegensatzpaare meist einschließend – für die ‹*vita activa*› und die ‹*vita contemplativa*›, das verachtete weltliche Leben und das hochgeschätzte Klosterleben.

Es gab freilich vereinzelt auch andere Deutungen. So hatte Meister Eckhart in einer Marthapredigt um 1300 die zupackende, tüchtige Gastgeberin weit über die nur in unproduktiver Sehnsucht nach mystischer Freude sich verzehrende Maria gestellt.[95] Die Auslegung des der Häresie Angeklagten konnte sich freilich nicht durchsetzen. In der Volksfrömmigkeit wurde Martha zur Heiligen der Pfarrköchinnen und Pfarrmägde und genoss als solche Ansehen, das freilich nicht mit dem Ansehen Marias als Vorbild für die klösterlichen Bräute Christi zu vergleichen war. Die Geschichte von Maria und Martha lud aber doch zu freien Auslegungen ein.

Um die Gleichsetzung des besten Teils, den Maria erwählt hatte, mit dem Klosterleben im 16. Jahrhundert zurückzuweisen, bedurfte es darum nicht der philologischen Arbeit von Erasmus. Luther benutzte in seiner Auslegung den alten Vulgatatext und ordnete die Schwestern neu, aber, immer noch der alten Bewertung verhaftet, Gesetz und Evangelium oder Werken und Glauben zu. Zwingli benutzte die neue Erasmusübersetzung, blieb aber ganz innerhalb der alten Auslegungstradition. Bei ihm standen die Schwestern für Fleisch und Geist.

Erasmus aber schlug, gestützt auf sein Verständnis von τὴν ἀγαθὴν μερίδα als einen guten Teil, einen anderen Weg ein. Er hat in seinen Auslegungen zu dieser Perikope Martha mehr und mehr aufgewertet, bis er 1529 beide Schwestern als zwei notwendige Seiten jedes christlichen Lebens bezeichnete, als Nächsten- und Gottesliebe, die wie zwei Seiten einer Medaille untrennbar zusammengehören. *Nichts nämlich hindere daran, in beiden Schwestern eine einzige Frau zu sehen.* [...] *Gott zwar ist allein und um seiner selbst und über alles zu lieben, der Mensch um Gottes willen und in ihm. Aber um seinetwillen lieben wir auch die Feinde und in ihm lieben wir die Freunde.*[96] Gott zu lieben, umfasse beides: Gottes- und Nächstenliebe – eine Auslegung, die dem neuen humanistischen Ideal eines christlichen Lebens in der Welt entsprach, das sich nicht in der Abgeschiedenheit des Klosters, sondern in der bürgerlichen Welt, in Beruf und Familie, bewähren sollte.

Diese Interpretation setzte sich bei den jüngeren Reformatoren durch. Martin Bucer, Heinrich Bullinger, Johannes Calvin, Philipp Melanchthon und Johannes Brenz, sie alle haben die Auslegung von Erasmus übernommen. Seine philologische Kleinarbeit hatte einen neuen Standard gesetzt und den alten Wildwuchs an Interpretationen ausgerottet.[97]

Kritik

Erasmus wies in seinen *Anmerkungen* zum Neuen Testament auch kühn auf Widersprüche in den Bibeltexten hin. Matthäus habe in der Weihnachtsgeschichte den Propheten Micha falsch zitiert. Das war auch renommierten, sprachlich und exegetisch versierten Theologen zu viel der Kritik. Wenn man sich nicht mehr auf das Fundament des Glaubens, die Heilige Schrift, verlassen könne, schwanke doch der ganze christliche Glaube, so 1518 Johannes Eck, der brillante Ingolstädter Kontroverstheologe, der bereits als Luthers schärfster Gegner auftrat. Er brachte seine Bedenken immerhin noch in einem höflichen Brief an Erasmus vor. Andere waren weniger zimperlich. Sie verschrien Erasmus in Predigten und bezeichneten ihn unverhohlen als Häretiker. Wage er doch das Neue Testament nach seinem ‹gusto› umzuschreiben, die *Vulgata*, den heiligen Text, den die Kirche in ihren Messen feierlich rezitiere und den alle Heiligen fromm gebetet hätten, zu verändern. Für einen solchen Menschen dürfe es keinen Platz in der Christenheit geben.

Das *Neue Testament* von Erasmus wurde zu einer ‹cause célèbre›, von Konservativen verschrien, von Reformfreudigen begrüßt und, wenn wir einem *Colloquium* von 1529 trauen dürfen, Grund für Schlägereien:

Da kommt der Landsknecht Polyphem mit einem *Neuen Testament* von Erasmus in der Hand daher. Sein Bekannter, Cannius, fragt:

Cannius: *Beim Herkules, was macht Polyphem mit dem Evangelium?*

[...]

Polyphem: *Hältst du es nicht für heilig, das Evangelium bei sich zu tragen?*

C.: *Eigentlich nicht, außer du würdest bekennen, dass die Esel am allerheiligsten sind.* [...] *Denn einer allein kann dreitausend solcher Codices tragen.* [...] *Wahrhaftig trägt das Evangelium bei sich, wer es in Händen, Mund und Herzen trägt.*

[...]

P.: *Ich scheine dir also wenig evangelisch zu leben?*

[...]

C.: *Ich nehme an, du betest oft?*

P.: *Das ist pharisäisch.*

[...]

C.: *Aber du bereust deine Sünden?*

P.: *Christus hat für uns genug getan.*

C.: *Womit willst du dann erklären, dass du das Evangelium liebst?*

P.: *Das sage ich dir: Ein gewisser Franziskaner hörte nicht auf, von der Kanzel herab gegen die Übersetzung des Neuen Testamentes von Erasmus herzuziehen. Da habe ich ihn mir einmal allein vorgenommen. Mit meiner Linken packte ich ihn bei den Haaren, mit der Rechten bekam er meine Faust zu spüren, ich schlug ihn präch-*

tig grün und blau und verpasste ihm im ganzen Gesicht Beulen. Was sagst du nun? Habe ich etwa nicht das Evangelium gefördert? Schließlich schlug ich ihm diesen Kodex dreimal auf den Kopf und sprach ihn so mit drei Beulen von seinen Sünden los: Im Namen des Vaters, des Sohnes und des Heiligen Geistes.[98]

Eine derart handgreifliche Unterstützung für Erasmus' *Neues Testament* war kaum aus dem Leben gegriffen. Das *Colloquium* beruhte eher auf dem Ärger des Autors über die unsachgemäße Kritik an seiner Ausgabe und über eine neue Mode der reformatorisch Gesinnten. Sie begannen, die Bibel wie eine Reliquie herumzutragen und sich gegen Unglück oder Krankheit statt mit einer geweihten Kerze mit der Bibel in der Hand oder auf der Brust zu schützen. Auch erlebte Erasmus eben, wie sie in Basel ihre Forderungen immer gewaltbereiter durchsetzten.

Wirkung des Neuen Testamentes

Erasmus konnte sich über die Wirkung seiner Ausgabe nicht beklagen. Fast alle folgenden Übersetzungen in die Volkssprachen beruhten auf ihr, so auch Luthers Übersetzung ins Deutsche. Dazu benutzte der Reformator die erasmischen Anmerkungen für seine Kommentare. Auch Zwingli und seine Nachfolger legten sie ihren Kommentaren zugrunde, und Calvin hatte sie ständig zur Hand. Sogar die Papsttreuen konnten nicht darauf verzichten, auch nachdem das Werk auf den Index der verbotenen Bücher gesetzt worden war. Sie erstellten bereinigte Ausgaben. Sein Text wurde zum ‹textus receptus›, zur Grundlage der griechischen Ausgaben des Neuen Testamentes bis in das 18. Jahrhundert hinein.[99] Noch heute soll es Christen geben, die es für die beste Grundlage halten.

Sicher, Erasmus' griechischer Text bleibt weit zurück hinter dem Stand, den die heutige Bibelwissenschaft nach Jahrhunderten erreicht hat, aber es gab gute Gründe, von seiner Ausgabe aus weiterzuarbeiten. Erasmus schuf als erster die methodischen Grundlagen für die moderne Textkritik. So entwickelte er die Grundregel der ‹lectio difficilior›, der Regel, dass eine schwierigere, weniger einleuchtende Lesart meist vorzuziehen sei. Denn

Abschreiber, wie Herausgeber und Übersetzer, neigen dazu, zu vereinfachen und zu verdeutlichen, Unverständliches aufzulösen und Anstößiges zu verharmlosen. Der Gelehrte des 16. Jahrhunderts kam aufgrund sorgfältigen Nachdenkens und Abwägens zu immer noch geltenden Textkorrekturen. Einige seiner Berichtigungen können heute durch ihm nicht zugänglich gewesene Textzeugen belegt werden.[100]

Erasmus konnte die Aufregung über sein Neues Testament nicht recht nachvollziehen.[101] Er bemühte sich auch nicht darum, so sehr er sich gegen die nicht ausbleibenden Häresievorwürfe wehrte. Denn für ihn bestand die Bibel nicht aus unfehlbaren Texten, deren Wortlaut bis in die Übersetzung hinein vom Heiligen Geist eingegeben war. Sie war für ihn das Zeugnis von Gottes Handeln mit der Welt, das Menschen niedergeschrieben hatten. Wohl waren diese bewegt von einem geistgeschenkten Glauben, aber sie blieben doch fehlbare Menschen und schrieben im Geschmack und nach dem Verständnis ihrer Umgebung und Zeit. Erasmus propagierte darum eine ganz neue Art, die Bibel zu lesen und auszulegen. Es ging auch ihm – wie Luther und den anderen Reformatoren und vor ihnen schon den Mystikern und Devoten – darum, die Texte meditierend und unter Anrufung des Heiligen Geistes richtig zu verstehen und wirken zu lassen. Aber dabei durfte für ihn der Leser nie vergessen, dass ihn Jahrhunderte von den Texten trennten. Ausleger sollten zunächst die biblischen Sprachen lernen, aber um die Bibelworte wirklich zu erfassen, genüge das nicht. Die Ausleger benötigen nach Erasmus gute Kenntnisse der Zeit, in der die Texte entstanden waren. Sorgfältig müssten sie analysieren, von wem die Texte stammen und an wen sie sich richten, um sie richtig einordnen und ihren Sinn verstehen zu können. Erst in einem nächsten Schritt gelte es, den wesentlichen Inhalt aus der zeitbedingten Schale herauszulösen und auf das eigene Leben und die zeitgenössische Gesellschaft anzuwenden. Das sei nur nach eingehendem Studium des Kontextes zu leisten, denn nicht alles könne einfach buchstäblich übernommen werden. *Es gibt Abschnitte, die sollen sich nur an die Jünger und ihre Zeit richten, andere an alle. Einiges wird dem Empfinden der damaligen Zeit zugestanden, und über manches soll ironisch gelacht werden.*[102] Mit anderen Worten, Personen, Orte und Umstände der Zeiten, in denen die Bibeltexte verfasst wurden, sind daraufhin zu prüfen, ob und wie ein Wort sich an den heutigen Leser und seine Zeitgenossen richtet. Ein solch historisch-kritischer Ansatz ging weit über den von Humanisten propagierten philologisch-kritischen Umgang mit den Bibeltexten hinaus, der sich schnell durchsetzte. Für den historisch-kritischen Ansatz dagegen hatten die meisten Zeitgenossen kein Verständnis. Luther empörte sich 1525: *Gott gab uns nicht ein Wort, das zwischen Orten, Personen und Zeiten unterscheiden soll. Denn Christus sagt: Geht in die ganze Welt, er sagt nicht, geht hierhin und geht nicht dorthin, wie Erasmus.*[103]

Erasmus dagegen pries seinen historischen Ansatz begeistert an. *Es ist ganz erstaunlich*, rief er aus, *wie viel* [...] *Leben dem Gelesenen eingehaucht wird, das vorher trocken und tot bleiben musste, wenn wir aus den Schriften der Historiker die Lage, die Herkunft, die Sitten und Einrichtungen, den Kult und den Charakter der Völker kennengelernt haben, bei denen die Taten sich abspielten,* [...] *und den Charakter der Menschen, an welche die Apostel schrieben.*

Loci-Methode

Wie wenig später Luther und die anderen Reformatoren, forderte Erasmus weiter: Unverständliche Bibelstellen sind durch gründlichen Vergleich mit verständlichen zu entschlüsseln. Die Bibel ist durch sie selbst auszulegen. Für all das müssten sich die Theologen ein breites Wissen und verschiedene Spezialkenntnisse aneignen. Um dieses Wissen zu ordnen und griffbereit zu haben, empfahl Erasmus die Loci-Methode, die er zuvor auch schon für andere Wissensgebiete propagiert hatte.[104] Wissenschaftler sollten Zitate und Ideen sammeln und sie insbesondere nach Entsprechungen und Gegensätzen unter 200 bis 300 Stichworten einordnen. Damit hätten die Forscher einen Wissensschatz zur Hand, der es ihnen erlaube, ihn, wo immer nötig, einzusetzen.[105] Die Methode setzte sich schnell durch. Viele solcher Loci-Bücher sind erhalten geblieben. Es entstand neu eine enzyklopädische Wissenschaft. Forscher veröffentlichten solche Loci-Sammlungen zu bestimmten Themen, Vorläufer der Lexika, welche die Wissenschaft der folgenden Jahrhunderte bis heute befruchten.

Diese Methode auf die Bibelexegese anzuwenden, war ein Schlag ins Gesicht für die Vertreter der an den Universitäten vorherrschenden scholastischen Theologie. Die Scholastiker, die systematisch Gründe für und gegen eine Behauptung abwogen, um zu logisch unanfechtbaren, absoluten und zeitlosen Glaubensaussagen zu kommen, ordneten in ihren *Summen* ihr biblisches Material hierarchisch. Alles wurde Schritt für Schritt aus Gottes Dasein abgeleitet. Nach der Loci-Methode galt es dagegen, alles Wissenswerte, insbesondere Zitate, unter einige selbstgewählte Oberbegriffe zu ordnen, um es stets griffbereit in neue Zusammenhänge stellen zu können. Die Methode ermöglichte einen flexiblen schöpferischen Umgang mit dem Wissen und lud dazu ein, neue kühne Ideen zu entwickeln.

Es war ein kleiner Schritt, diese Methode wiederum auf die theologische Systematik anzuwenden und aus den Oberbegriffen selbst eine systematische Dogmatik zu entwerfen. Diesen Schritt machte Philipp Melanchthon bereits 1521 mit der Erstausgabe seiner *Loci communes,* und Huldrych Zwingli folgte ihm im Frühjahr 1525 mit seinem *Commentarius de vera et falsa religione*. Beide Theologen wichen vom üblichen Schema einer Dogmatik ab. Sie behandelten die Dogmen nicht mehr in der traditionellen Reihenfolge: Gott – Schöpfung – Fall – Inkarnation – Erlösung – Gnade – Sakramente – Eschatologie. Melanchthon begann mit *De hominis viribus*, mit dem Vermögen des Menschen. Zwingli erläuterte der Reihe nach Gott und Mensch, Evangelium und Buße und dann erst Gesetz und Sünde, welche traditionell zur Schöpfung gehörten.[106] Aus scholastischer Sicht also ein heilloses Durcheinander. Bullinger hat denn auch bereits wieder seine *Summa christenlicher Religion* anders aufgebaut. Er setzte die Heilige Schrift an den Anfang und ließ Gott, Sünde, Gesetz, Gnade und Glaube folgen.[107] Es galt eben nicht mehr, alles logisch aus der Erstursache abzuleiten und entsprechend zu ordnen, sondern es galt, den Wissensschatz dem jeweiligen Ziel angemessen heranzuziehen und neu zusammenzustellen. Wie der Wissensschatz selber anzuordnen war, war beliebig, die einzige Bedingung war, dass er leicht zugänglich blieb. Indem sie nach dem Rezept von Erasmus alles nach Gegensätzen und Verwandtschaft zusammenstellten, gelang Konrad Gessner und Josias Simler in Zürich mit ihren enzyklopädischen Werken ein solch benutzerfreundliches Speichern von Wissen glänzend. So hat Gessner etwa die Tierwelt in Klassen eingeteilt.[108]

Die große Freiheit, die diese eklektische Methode insbesondere der Dogmatik bot, wurde allerdings bald wieder eingeschränkt. Nachdem sich Reformation und Gegenreformation etabliert hatten, verfestigten Protestanten wie Katholiken ihre Dogmatiken und ließen den Theologen kaum noch Freiheit, Neues zu erproben. Die Professoren ermunterten ihre Studenten nicht mehr, selbständig Zitate nach ihren eigenen Stichworten zu sammeln, sondern gaben ihnen Stichworte vor, unter denen sie ihre Lektüre zu exzerpieren hatten. Wen wundert, dass die Orthodoxie wenig nennenswert Kreatives hervorbrachte? Wieder entfalten konnte sich die eklektische Methode dann in der Aufklärung. Heute bietet sie dank der Computertechnik ungeahnte Möglichkeiten.

Mit dem *Neuen Testament* verlässt auch die *Briefausgabe des Hieronymus* im Jahre 1516 die Druckerpresse Frobens. Sie wird Teil einer von Johannes Amerbach, Frobens verstorbenem Compagnon, schon lange begonnenen Gesamtausgabe des großen Kirchenvaters. Froben berief nun Erasmus zum Leiter des gewaltigen Unternehmens, an dem Gelehrte aus ganz Europa beteiligt waren.

Ein goldenes Zeitalter

1516/17 kurz nach der Herausgabe des *Neuen Testamentes* und der Hieronymusbriefe glaubte Erasmus, es zöge ein ‹goldenes Zeitalter› herauf. Junge Fürsten hatten die Regierungen übernommen, Fürsten, die sich den neuen Wissenschaften öffneten und auf den Rat von Humanisten hörten. Franz I. hatte nach seinem Sieg bei Marignano gegen alle Erwartungen Frieden geschlossen und rief gelehrte Freunde von Erasmus, so etwa den Juristen Guillaume Budé, an seinen Hof. Der junge Heinrich VIII. vertraute Thomas Morus wichtige diplomatische Missionen an. Der charismatische Tudor-König erschien geradezu als ein Messias. Lord Montjoy schrieb begeistert an Erasmus: *Es lacht der Himmel, es freut sich die Erde. Alles ist voll Milch, Honig und Nektar. Die Habgier der Geschlechter ist verbannt, die Güte teilt mit freigiebiger Hand Reichtümer aus. Unser König begehrt nicht Gold, Juwelen oder Silber, sondern Tugend, Ruhm und Unsterblichkeit.*[109] – Dass er später zwei seiner sechs Ehefrauen und hochverdiente Männer wie Thomas Morus aufs Schafott bringen würde, ahnte damals niemand. – Der spätere Kaiser Karl V. hatte Erasmus zu seinem Rat erklärt, ein Ehrenamt ohne eigentliche Verpflichtungen, dazu lukrativ, das heißt, wenn die Rente ausbezahlt wurde; oft war man säumig. Für den Regenten verfasste Erasmus seine erste politische Schrift: *Die Erziehung des christlichen Fürsten*, der weitere Friedensschriften folgen sollten. Sie beschwören ein neues, ein goldenes Reich herauf, in dem Philosophenkönige das Wohl aller Untertanen im Auge haben und eine aufbauende Friedenspolitik treiben. Eine Welt, in der Wissenschaft, allgemeine Wohlfahrt und Frömmigkeit gedeihen, schien zum Greifen nah.

Triumphierend schrieb Erasmus Anfang 1517 seinem jüngeren Freund, dem Basler Münsterprediger Wolfgang Capito, der später ein Reformator Straßburgs wurde: *Ich sehe schon bald eine neue Art von Goldenem Zeitalter anbrechen.* [...] *Die guten Sitten, christliche Frömmigkeit, aber auch die reine echte Wissenschaft und die schönen Künste werden wieder aufblühen.* Denn alle arbeiten mit gleichem Eifer daran, Fürsten und Bischöfe. Alle Wissenschaften kommen wieder ans Licht: Die schöne Literatur betreiben Schotten, Dänen und Iren, die Medizin in Rom Leoniceno, in Venedig Leoni, in Frankreich Cop und Du Ruel, in England Linacer, das Zivilrecht Budé in Paris und Zasius in Deutschland, die Mathematik Glarean in Basel. Und wie lag die Theologie darnieder! *Aber auch hier bin ich sicher, der Erfolg wird sich einstellen, sobald die Kenntnis der drei biblischen Sprachen sich an den Universitäten etabliert hat.*[110]

Eben die Wissenschaft, die Erasmus mit seinen Publikationen, insbesondere mit seinem *Neuen Testament*, propagierte, werde sich zum Nutzen aller durchsetzen, davon konnte Erasmus 1516/17 überzeugt sein. War er doch auf der Höhe seines Ruhmes, ganz Europa huldigte ihm. Fürsten und Universitäten lockten mit den besten Angeboten, die gelehrte Welt pries ihn als den *Lichtbringer der Welt.*[111] Von ihm erhoffte man die lang ersehnte Reform der christlichen Welt, ja sie schien schon anzubrechen. Hatte doch selbst Papst Leo X. Erasmus' Widmung des *Neuen Testamentes* angenommen und sich damit zum Schirmherrn der neuen theologischen Methode erklärt. Und die Fürsten Europas rissen sich für ihre Universitäten um den großen Gelehrten; er sollte ihre Jugend ausbilden.

Was faszinierte die Zeitgenossen so an Erasmus, dass dieser schmächtige, kränkliche Gelehrte zu solchem Ruhm kam? Da war einmal sein lateinischer Stil, frei und fließend, wortreich jede Nuance abbildend, klar und doch leichtfüßig, Ernsthaftes witzig verpackend. ‹Erasmie› (erasmisch), also wie Erasmus zu schreiben, galt als höchstes Kompliment für einen Literaten. Aber es war nicht nur sein Schreibstil, auch sein Lebensstil faszinierte. Dieser Mann aus unbedeutendem Holländergeschlecht verstand es offenbar, vornehm, lebensnah, fromm, fröhlich, produktiv und gesellig zu leben, sich selbst treu und zugleich allen alles zu sein. Und darüber hinaus erbrachte er eine glänzende wissenschaftliche Leistung.

Ein Huldigungsbrief vom späteren Reformator Huldrych Zwingli gibt Ende April 1516 wieder, was an Erasmus so begeisterte:

An Dich zu schreiben, Erasmus, Du bester aller Menschen, davon schreckt der Glanz Deiner Gelehrsamkeit ab, der Glanz, der strahlender ist, als ihn der Erdkreis fassen kann, aber Deine reizende Menschlichkeit wiederum lädt dazu ein. Staunenswert seien die *Herzensgüte* und *Geistesmacht* des Theologen. *Die habe ich zusammen mit Deiner Leutseligkeit und Deiner gefälligen Lebensart so unverschämt genau geprüft, dass ich Dich, wenn ich Deine Schriften lese, glaube sprechen zu hören und zu sehen scheine, wie Du Dich mit Deinem kleinen, aber alles andere als unansehnlichen Körperchen aufs vornehmste bewegst. Denn, ohne Schmeichelei, Du bist für mich jener Geliebte, mit dem ich geplaudert haben muss, damit ich schlafen kann.* Erasmus ist ihm der *um die Gelehrsamkeit und die Geheimnisse der Heiligen Schrift verdienteste Mann* [...] *der glüht in der Liebe zu Gott und den Menschen* und *der die Heiligen Schriften aus Barbarei und Sophistik befreite.* [...] *Für ihn sollten alle ernstlich beten.*[112]

Was Zwingli da schildert, ist eine, wie wir heute sagen würden ‹authentische Persönlichkeit›. Das war er für seine Zeitgenossen: ein Mann, bei dem Wort und Tat übereinstimmten – die Aufgabe, der er sein Leben widmete, der Lebensstil, die Ausstrahlung, das literarische Werk fasste er in seiner Person zu einer bewunderten Harmonie zusammen.

Es ist der Erasmus der ersten Basler Jahre, im Frühjahr 1516, als eben das *Novum instrumentum,* sein Neues Testament, in aller Hände war und dem Bejubelten kühne neue Ideen und Pläne nur so zuflogen. Er war mit seinen fünfzig Jahren ein gereifter Mann, voller Schaffenskraft und umgeben von einem Kreis von anregenden Freunden und Verehrern, die für seine umstürzenden Ideen offen waren. Wie fühlte er sich wohl unter diesen meist jüngeren und vielseitig begabten Männern? Dazu gehörten der Jurist Bonifacius Amerbach, der Philologe und Editor Beatus Rhenanus, der Theologe Ludwig Bär, die späteren Reformatoren Johannes Oekolampad und Wolfgang Capito und der Universalgelehrte Heinrich Glarean, während des zweiten Basler Aufenthaltes auch der später als Referent am Reichskammergericht die Stadtrechte reformierende Claudius Cantiuncula und der gelehrte Franziskaner und spätere Professor für Altes Testament an der reformierten Hohen Schule in Zürich Konrad Pellikan. Erasmus hatte die *Sodalitas Erasmiana*, seinen Freundeskreis, 1515 so beschrieben:

Der Freundeskreis

Jeder spricht Latein und Griechisch, die meisten auch Hebräisch. Dieser tut sich in der Geschichtskenntnis hervor, der ist ein glänzender Theologe; dieser ein erfahrener Mathematiker, ein anderer ein Altertumswissenschaftler, jener ein beschlagener Jurist. Wie selten das zusammenkommt, ist mir bewusst. Ich durfte sicher noch nie in einer so ausgezeichneten Gesellschaft leben. Ganz davon zu schweigen, wie offen sie miteinander umgehen und was für eine Fröhlichkeit und Eintracht herrscht. Du könntest meinen, sie hätten nur eine Seele.[113]

Am gastfreundlichen Tisch vom Drucker Froben – später im eigenen Haushalt – versammelte man sich, oft mit zugereisten

Gästen, die eigens nach Basel kamen, um den gefeierten Erasmus zu sehen. In diesem Kreis konnte und wollte Erasmus frei reden und seine kühnen Gedanken testen. Wie liebte er diese Gespräche. 1523, wieder in Basel, schrieb er, er mache es zuweilen wie der griechische Skeptiker Carneades und rede bei der gleichen Zusammenkunft einmal für, einmal gegen eine Sache, sei es *zum Vergnügen, oder um zu erforschen, wie dieser oder jener darüber denke, oder um etwas zu lernen. Aber niemals führt ein solches Gespräch bei mir zu irgendwelcher Bitterkeit. Mit geneigtem Ohr kann ich beide Parteien anhören. Mir gefällt diese Freiheit bei Mahlzeiten und vertraulichen Gesprächen, aber ich gebrauche sie wohl oft zu unmäßig, weil ich die Gemütsart anderer zu sehr nach mir beurteile.*

Da sei er dann unvorsichtig und plaudere allerlei daher, was man gegen ihn missbrauchen könne. Aber er könne es nicht lassen. Und es gebühre sich schließlich, *was beim Bechern gesprochen werde, in den Wein zu schreiben. Wie oft haben wir bei Tisch nicht das Kaiserreich dem Papst Julius übertragen und das höchste Pontifikat dem Kaiser Maximilian! Ein andermal haben wir Mönchsklöster mit Nonnengesellschaften ehelich getraut. Einmal haben wir aus ihnen eine Armee gegen die Türken aufgestellt und dann wieder Kolonien auf neuentdeckten Inseln mit ihnen bevölkert. Kurz, wir verkehrten alle Umstände der Erde.*[114]

Im fröhlichen, geselligen Kreis wurden neue Ideen getestet und für die verschiedensten Gebiete – nach moderner Terminologie: interdisziplinär – fruchtbar gemacht. Glarean vertiefte Erasmus' Vorstellungen einer deklamatorischen, an antiker Ästhetik geformten Musik in seinem großen musiktheoretischen Werk *Dodekacordon* und bereitete sie für die zeitgenössische Musik auf. Cantiuncula nahm die textkritische Methode für die Rechtswissenschaft auf und forderte, Gesetze müssten Zeit und Umständen angepasst werden. Pellikan übernahm später in Zürich in seinen reformierten Bibelkommentaren den paraphrasierenden Stil und ganze Passagen von Erasmus.

An den Freunden lag es kaum, dass Erasmus Basel bald wieder verließ. Eine innere Unruhe, ja Angst trieb ihn weg. Er fühlte sich nicht frei: Ein Rückruf ins Kloster hing wie ein Damoklesschwert über ihm. Und noch immer quälten ihn Existenzsorgen. Sicher, überall drängte man ihm einträgliche Ämter und Pfründen geradezu auf, aber er konnte sie nicht annehmen. Er besaß nur den mühsam erworbenen, beschränkten Dispens Julius' II. für englische Pfründen. Der galt auf dem Festland nicht und befreite ihn auch nicht vom Klostergelübde. Daneben hatte er noch einen weiteren Dispens, das Ordenskleid abzulegen und sich wie ein Weltgeistlicher zu kleiden.

Nach kurzem Aufenthalt in den Niederlanden reiste er nach England, um von dort aus mit Hilfe seiner vornehmen Gönner einen Dispens von seinem Klostergelübde und von allen Hindernissen zu erlangen, die seine ungesetzliche Geburt mit sich brachte. Die Freunde enttäuschten ihn nicht. Im Januar 1517 war es so weit. Zwei Breven Papst Leos X. erlaubten ihm, als Weltpriester zu leben und ungeachtet seiner ungesetzlichen Geburt kirchliche Benefizien anzunehmen. Nun endlich, mit gut fünfzig Jahren, ist Erasmus ein freier Mann, der sich dank seiner geistigen Leistungen sein Leben einrichten kann, wo und wie er will. Er will es unabhängig von bindenden Verpflichtungen. All die glänzenden Angebote lehnt er ab. Er lässt sich nicht an den Hof Karls V. oder an den eines anderen Fürsten binden, er nimmt keinen Lehrstuhl an. Er bleibt ein freier Literat. Er zieht sich, vermeintlich nur für einige Monate, nach Löwen zurück, um in Ruhe zu überlegen, wo er sich auf Dauer einrichten wolle. Aber der Zaudernde kann sich nicht entschließen, aus den wenigen Monaten werden vier Jahre.

V Streit mit Gelehrten und die Luthersache – Löwen

Zunächst ließ sich alles bestens an. Die Stadt Löwen empfing den großen Gelehrten ehrenvoll, und er konnte bei Freunden wohnen. Unter der tatkräftigen Patronage seines reichen Gönners Hieronymus von Busleiden, eines bedeutenden Kirchenmannes und Diplomaten, half er eine Bildungsstätte einzurichten: das sogenannte *Collegium trilingue*, das dreisprachige Seminar. Erasmus stellte den Lehrplan zusammen und berief Professoren. Hier wurden die drei biblischen Sprachen gelehrt und eine Theologie in seinem Sinne betrieben. Sie beruhte auf einer wissenschaftlichen Exegese der Bibeltexte und war lebensnah. Theologen wurden ausgebildet, aber auch weitere Interessierte zur Teilnahme an den Vorlesungen eingeladen.[115]

Selbst aber hat Erasmus dort nicht unterrichtet; bis an sein Lebensende hat er sich nach einem kurzen Zwischenspiel im Lehrbetrieb in Cambridge dem Ruf zu unterrichten verweigert. Er widmete sich lieber seinen Schriften. 1517 gab er als Rat des späteren Kaisers Karls V. die *Querela pacis* (Klage des Friedens) heraus, bereits seine zweite Friedensschrift. Sie ist noch ganz vom Vertrauen getragen, ein dauerhafter Frieden in Europa sei zu erreichen. Fieberhaft arbeitete er an einer verbesserten Neuauflage seines *Neuen Testamentes* und an einer Ausgabe der Schriften des Kirchenvaters Cyprian. Noch glaubte Erasmus, Kritik an seinem *Neuen Testament*, soweit sie von ungebildeten Mönchen und Predigern kam, mit Scherzen entkräften und gelassen übergehen zu können.

Schmunzelnd berichtete er einem Brieffreund: kaum sei sein *Neues Testament* herausgekommen, hätten schon Kritiker, die sich für besonders fromm hielten, losgedonnert, *der christlichen Religion drohe größte Gefahr, das Kommen des Antichristen stehe bevor*. Befragt, ob sie das Werk denn gelesen und durchgearbeitet hätten, kam heraus, dass sie es nicht einmal in den Händen gehalten hatten. Einer hatte ausgerechnet in Gegenwart von Thomas Morus und Richard Paceus (wie Morus ein gelehrter

Humanist und alter Freund von Erasmus) vor dem englischen König gegen das Werk gestichelt. Er gab zu, es nicht gelesen zu haben, betonte aber, er habe schon etwas von Erasmus gelesen, etwas das *Narrheit* heiße. *Da unterbrach ihn Paceus und sagte: «Dieses Argument, durchlauchtester König, passt wirklich bestens zu ihm.»* Er selbst, schrieb Erasmus weiter, habe einmal eine Predigt eines empörten Karmeliters besucht:

Als der bemerkte, dass ich da sei, denn ich stand ihm gerade gegenüber, bezichtigte er mich mit kräftigen Lungen und der violetten Kappe eines Doktors der Theologie gleich zweier der drei Sünden gegen den Heiligen Geist: der Vermessenheit,[116] *denn ich würde mit neuen Büchern alle alten verdammen und hätte nicht gezögert, das Gebet des Herrn und den Lobgesang der Maria zu verbessern. Auch sei ich schuldig, eine anerkannte Wahrheit zu bekämpfen,*[117] *weil ich an einem Tag zwei Prediger gehört hätte und beim Essen sagte, dass keiner von ihnen den Text wirklich verstanden habe.* [...] *Wenn jemand sage, ein Prediger kenne seinen Predigttext nicht, besonders, wenn er ihn aus der Heiligen Schrift genommen habe, dann sündige er gegen den Heiligen Geist.*

Das war eine absurde, aber eine massive Anschuldigung, denn Sünden gegen den Heiligen Geist können nach Mat 12,31-32 nicht vergeben werden. Sein Freund und Gastgeber Peter Gillis, der neben ihm stand, erzählte Erasmus weiter, *platzte fast vor Ärger. Aber ich konnte das Lachen nicht zurückhalten. Wer sollte über solchen Unsinn nicht lachen?*[118] Auch Kritik aus den Reihen der Scholastiker glaubte der humanistische Theologe noch weglachen zu dürfen, jedenfalls nicht fürchten zu müssen. Im Dezember 1516 schrieb er:

Ich höre, gewisse Theologen legen es darauf an, dass meine Bücher von der Universität Löwen und der Schwesteruniversität Köln mit einem öffentlichen Auftrag geprüft werden. Wenn es dazu kommen sollte, dann benötigen sie dazu zuerst einmal zwei Jahre; und dann wird, wer die Prüfung anordnet, für diese Arbeit zuvor Erfahrung in der griechischen und lateinischen Sprache verordnen müssen, woran es beiden mangelt. Aber ich denke, so weit kommt es nicht, denn hier sind mir die Besten günstig gesinnt, und gerade die ersten Theologen wollen mir wohl.[119]

Noch war es ein anderer Streit, der die Theologen schon länger erregte und halb Europa in Aufruhr versetzte. Dominikaner wollten alle jüdischen Schriften verbrennen lassen. Sie glaubten, so die Juden besser zum Christentum bekehren zu können, während der gelehrte Hebraist Johannes Reuchlin die jüdischen Schriften erhalten wollte und nur antichristliche ablehnte. Kaiser und Papst wurden in den Streit hineingezogen und die gelehrte Welt empörte sich. Erasmus schätzte Reuchlin als hervorragenden Kenner der hebräischen Sprache, die er selbst nur oberflächlich beherrschte. So wenig er mit dessen Vorliebe für die *Kabbala*, die jüdische Geheimlehre, anfangen konnte, so sehr schätzte er dessen freien Umgang mit jüdischer Gelehrsamkeit und dessen philologische Kenntnisse. Er beteiligte sich jedoch nicht an den *Dunkelmännerbriefen*, der satirischen Kampfschrift gegen die dominikanischen Gegner Reuchlins. Diese fingierten Briefe gaben die engstirnigen Glaubenswächter der Lächerlichkeit preis, indem sie sie angeblich selbst in schlechtestem Küchenlatein mit allerhand halb verstandenen Zitaten und aberwitzigen Behauptungen zu Wort kommen ließen. Die gelehrte Öffentlichkeit freilich, die sich daran ergötzte, vermutete Erasmus hinter dem deftigen Werk verschiedener Autoren. Die konservative Gegenpartei weitete sich auf alle namhaften Universitäten Europas aus und verunglimpfte mit Reuchlin seinen Geistesverwandten Erasmus. Was die Autoren als Scherz in einem der fingierten Briefe schrieben, gab durchaus die Stimmung mancher Gegner wieder. In der Übersetzung von Karl Riha klingt das so:

Es heißt, Erasmus von Rotterdam habe viele theologische Traktate verfaßt; ich glaube nicht, daß er alles recht macht. Er hat auch ehe schon in einem kleinen Traktat die Theologen angegriffen, und nun schreibt er selbst in Theologie: das ist mir auffallend. Wenn ich nach Deutschland komme und seine Scharteken [alte verstaubte Bücher] *lese, und auch nur den allerkleinsten Punkt finde, wo er geirrt hat, oder wo ich ihn nicht verstehe, dann soll er sehen, wie ich ihm über den Pelz will. Er hat auch griechisch geschrieben, was er nicht hätte tun sollen, da wir Lateiner und keine Griechen sind. Wenn er schreiben will, daß niemand es versteht: warum schreibt er nicht auch italienisch, böhmisch und ungarisch? So würde ihn kein Mensch verstehen. Er bilde sich nach uns Theologen, in's Drei-Teufels Namen: er halte sich bei seinen Schreibereien an das «Utrum» und «Contra», an «Arguitur», «Replica», «Conclusiones», wie alle Theologen getan haben, so würden auch wir sie lesen.*[120]

An den *Dunkelmännerbriefen* hatte sich Erasmus nicht beteiligt, aber nach dem Tod Reuchlins im Jahre 1522 verspottete auch er die Gegner in einem *Colloquium*. Brassicanus, im Gespräch ein Verehrer Reuchlins, berichtet darin einem Freund von einer Vision eines Franziskaners, der im Traume sah, wie Reuchlin in den Himmel steigt. Gefolgt von seinem überaus anmutigen Genius, kommt dem Gelehrten der heilige Hieronymus entgegen, um ihn zu empfangen. Aber grässliche Vögel (schwarzweiss wie die Dominikanerkutte) versuchen ihn zurückzuhalten:

Brassicanus: [...] *Hinter seinem Rücken folgten ihm einige Vögel mit schwarzen Federn, nur wenn sie die Flügel erhoben, zeigten sie mehr fahle als weiße Federn. Nach der Farbe und den Stimmen zu urteilen, hätten es Elstern sein können, wenn nicht einzelne die Elstern an Größe zwölfmal übertroffen hätten. Sie waren nicht kleiner als Geier und hatten auf dem Kopf Federbüschel. Ihre Schnäbel und Krallen waren krumm, und ihre Bäuche sprangen vor. Man hätte sie für Harpyien gehalten, wenn sie nur drei gewesen wären.*

Pompilius: *Was hatten diese Furien vor?*

Br.: *Von ferne* [...] *krächzten sie hinter dem Heros Reuchlin und hätten ihn wohl angefallen, wenn sie gedurft hätten.*

P.: *Wer erlaubte es ihnen nicht?*

Br.: *Reuchlin, weil er sich umdrehte und mit der Hand das Kreuz schlug. Dabei rief er: «Weg mit euch, dahin, wo ihr hingehört, ihr Pestbrut! Es genügt, wenn ihr die Sterblichen quälen könnt. An mir, der ich bereits zu den Unsterblichen gehöre, hat euer Wahnsinn sein Recht verloren.»*

Kaum hatte er das ausgesprochen, [...] *da flogen die hässlichen Vögel auch schon davon; nur einen Gestank ließen sie zurück, verglichen mit dem ein Misthaufen wie Majoran- oder Kräuteröl duftet.*[121]

Noch konnte Erasmus über Ketzerjäger spotten, aber man spürt 1522 schon die Bitterkeit, es ist kein leichtfüßiger Spott mehr. Denn inzwischen vergiftete das Auftreten von Männern wie Martin Luther und Huldrych Zwingli mit ihren Anhängern die Atmosphäre zunehmend.

Erasmus selbst wurde von ganz anderer, unerwarteter Seite angegriffen. Es war Kritik von gebildeten Humanisten, Kritik von Gelehrten, von denen Erasmus glaubte, sie zu seinen Freunden zählen zu dürfen: von Faber Stapulensis etwa, dem gelehrten Aristoteleskommentator und -editor, der bereits Varianten zur *Vulgata* publiziert hatte und später die Bibel ins Französische übersetzte. Vordergründig ging es um eine Übersetzungsfrage, nämlich wie Hebr 2,7 zu verstehen sei: *Du machtest ihn* [den Christus] *wenig niedriger* [oder (so in der Ausgabe von 1535) *für kurze Zeit niedriger*] *als die Engel*, übersetzte Erasmus, *du machtest ihn wenig niedriger als Gott*, Faber Stapulensis. Aber es ging eben doch um viel mehr, insbesondere für Faber. Für ihn war undenkbar, die Niedrigkeit Christi so sehr zu betonen, dass Christus als Mensch niedriger als die Engel, als zwar hohe, aber eben doch Geschöpfe, sein sollte. Für Erasmus, dessen Übersetzung aus heutiger Sicht übrigens die bessere ist, war das kein Problem. Ihm war es im Gegenteil wichtig, dass Gott in Jesus Christus ohne Abstriche *die ganze Natur des Menschen annahm* und wie alle Menschen *dürstete, hungerte, litt und starb.*[122]

Schon 1503 hatte er die Niedrigkeit Christi betont, damals in freundschaftlichem Austausch mit seinem hochgeschätzten Gesinnungsgenossen in England, dem kühnen Theologen und Pädagogen John Colet, der ihn mit seinen lebensnahen Auslegungen der Paulusbriefe tief beeindruckt hatte. Ihm gegenüber hielt er fest: Als Christus, wie der Evangelist Lukas erzählt, vor seiner Kreuzigung im Garten Gethsemane Blut geschwitzt hat, hat er wie alle Menschen, die noch nicht alt und lebenssatt sind, Angst vor dem Tod gehabt. Colet empörte das: Sollte Gottes Sohn feiger als Sokrates gewesen sein?

Colet und Faber Stapulensis standen mit ihrer Scheu davor, sich Christus als leidend und schwach vorzustellen, nicht allein. Schon die Kirchenväter der ersten nachchristlichen Jahrhunderte empfanden es als ein Problem, dass Gottes Sohn leidensfähig sein sollte. Sie halfen sich damit, in Christus zwei Naturen anzunehmen, die sie deutlich trennten. Die göttliche bewirkte Wunder, die menschliche litt und starb. In dieser Tradition stand auch der Reformator Huldrych Zwingli. Er hielt klipp und klar fest: *Die Gottheit konnte nicht sterben. Nach der göttlichen Natur wirkt Christus Wunderzeichen, macht Blinde sehend, Stumme hörend und Tote lebendig. Und nach der menschlichen Natur hungert, dürstet, friert er [...] und leidet Schmerzen.*[123] Luther wagte das Leiden enger an Gott zu binden. Er schrieb, *obwol die tzwo natur unterschieden sind, ßo ists doch eyne person, das alliß, was Christus thut odder leydet, hatt gewißlich gott than unnd gelieden, wiewol doch nur eyner natur dasselb begegnett ist.*[124] In einer Predigt erklärte er drastisch: *Der Turcke spricht: das wirstu mich nicht uberreden, das der sol ein gott sein, der do von einem weibe geboren wirdt, lest sich herab vom himmel undt legen Neun Monath in den leib Marien der Jungckfrauen, scheist undt pisset in die wiegen, Darnach stirbt ehr am Creutz als ein Dieb undt Schelm, Sol das ein gott sein?* Gerade dieser war für Luther Gottes Sohn. Wer nicht bei der Menschheit Christi bleibt, erklärte er, wird die Gottheit nicht finden.[125] Erasmus war 1533 noch unbekümmerter. Er schrieb: *Wir können fromm sagen: Gott litt und starb.*[126] Nicht, dass Erasmus die Zweinaturenlehre bekämpft hätte, aber für ihn offenbarte Gott den Menschen seine Liebe gerade, indem er selbst als einer der ihren an ihre Seite trat. Indem der allmächtige Gott ein schwacher Mensch wie sie wurde, bewegte er die Menschen, ihn zu lieben und auch ihre Mitmenschen zu lieben und zu ehren, als die, denen Gott gleich wurde und die genauso wie sie selbst von Gott geliebt sind. Zugleich beglaubigte er auch seine Worte als Worte Gottes. Es sei nicht irgendein Mensch, der die Zusagen Gottes bezeuge, es sei Gott selbst, der sie uns in Christus zuspreche. An der Menschwerdung Gottes hing für Erasmus die Würde des Menschen. Sie beruhe darauf, dass die menschliche Natur *zur Genossin der göttlichen Person Christi* angenommen wurde und nun zur Rechten Gottes sitzt. Bevor Gott Mensch wurde, seien den Menschen die Engel übergeordnet gewesen. Darum habe sie der Erzvater Abraham verehrt, und sie ließen sich das gern gefallen. Seitdem Christus als Mensch an Gottes Seite im Himmel throne, wollten die Engel eine solche Ehre nicht mehr annehmen. Als der Seher Johannes sich vor einem Engel niederwerfen wollte, verbot es ihm der himmlische Bote.[127]

Erasmus begründete die Menschenwürde also anders als sein italienischer Zeitgenosse Giovanni Pico della Mirandola, der

Verfasser von *De hominis dignitate* (Von der Menschenwürde). Für den Neuplatoniker beruhte die Menschenwürde auf der Fähigkeit der Seele, am Göttlichen teilzuhaben. Sie hing davon ab, ob der Mensch sich durch Tugendübung zu Gott emporschwingen könne oder nicht. Erasmus begründete die Menschenwürde umgekehrt mit Gottes Teilhabe am Menschen, mit Christi Menschwerdung und seiner Erhöhung in den Himmel. So sprach er allen Menschen eine unbedingte Würde zu, unabhängig von ihren Fähigkeiten oder Leistungen. So schuf Erasmus eine theologische Basis für die Menschenrechte und das Völkerrecht.

Polemik

Der Disput um die Niedrigkeit Christi wurde 1517 mit Publikationen öffentlich ausgetragen. Es kam, anders als 1503 mit John Colet, zu einer ernsten Verstimmung zwischen den beiden Gelehrten. Noch bitterer war der Streit zwischen Erasmus und Edward Lee, dem späteren Erzbischof von York. Der Engländer, damals Mitte dreißig, war, um Griechisch zu lernen, nach Löwen gekommen. Erasmus hatte ihn freundlich gefördert und mit ihm über die Revision seines *Neuen Testamentes* diskutiert. Lee wies auf vermeintliche oder auch echte Fehler und Flüchtigkeiten hin, die der erfahrene Ältere glaubte übergehen zu dürfen. Es scheint, dass er den Jüngeren auch lächerlich machte. Jedenfalls berichtet ein Erasmusverehrer, der Rotterdamer habe, während er an der Revision seines *Neuen Testamentes* arbeitete, alle und jeden um Rat gefragt. Wenn der Ratgeber sich als eingebildet, aber wenig kompetent erwiesen habe, dann habe Erasmus ihn durchaus nicht zurückgehalten. Er habe solche Schwätzer im Gegenteil ermuntert fortzufahren, zum einen weil er allzu dumme Argumente an sich lustig fand und zum anderen weil er sich für die menschliche Natur interessierte und darauf aus war, verschiedene Meinungen zu hören. Darum habe er dann jeweils falsche Komplimente gemacht, in der Hoffnung, den Unerfahrenen für ein gutes Studium zu gewinnen, und auch, um es mit einem fragwürdigen Freund nicht ganz zu verderben.[128] Die Rechnung ging bei Lee offenbar nur halb auf. Es spornte den jungen, begabten und ehrgeizigen Griechischstudenten, der den heimlichen Spott wohl herausfühlte, erst recht an, Fehler in Erasmus' Werk zu suchen. Er begann sie akribisch aufzulisten. Dass jeder von der Liste wusste, aber Lee die Liste nicht herausgab, kurz bevor Erasmus die zweite Auflage in Druck geben wollte, machte den Humanisten rasend. Er versuchte gar, wie er selbst zugab, durch allerlei Tricks an die Liste zu kommen und schreckte nicht einmal davor zurück, einen Kopisten zu bestechen.[129] Allerdings roch Lee den Braten und forderte sein Manuskript schnell vom Kopisten zurück. Die zweite Auflage des *Neuen Testamentes* erschien 1519; aber erst 1520 publizierte Lee seine 243 Kritikpunkte. Darin gab er als Grund für die Publikation an, Erasmus habe ihn verschiedentlich ohne Namensnennung angegriffen: Aufgebracht antwortete Erasmus innerhalb von zwei Wochen mit einer Verteidigungsschrift, nicht ohne die Beleidigungen, die Lee auf sich bezogen habe, genüsslich zu wiederholen: *Da gibt es einen Mann, der ist zusammengesetzt, zusammengeschustert, ja zusammengeflickt aus nichts als Listen, Tricks und Täuschungen, geboren für Lügen, üble Nachrede und Speichelleckerei. Da gibt es keine Machenschaften, die er nicht anwendet, um sich bei der Nachwelt einen Namen zu verschaffen* [...] *Dieser hat einen wunderbar erfolgreichen, aber höchst verbrecherischen Weg gewählt, um zu Ruhm zu gelangen. Ich sage nicht, wer es ist oder woher er stammt und in welchem Land er lebt. Ich werde ihn auch nie nennen, wenn er sich nicht selbst zu erkennen gibt.*

Soweit das Zitat. Erasmus fragt dann scheinheilig: *Ich frage dich, lieber Leser, was gibt es in diesen Sätzen, das Lee – und zwar gerade nur ihn allein – empören könnte? Er hätte es besser als Warnung verstehen sollen, seinen Stil zu mäßigen, wenn er gegen mich publizieren wollte, damit nichts aus dem Zitat auf ihn gemünzt erscheint.*[130] Auch das andere Zitat aus seinen *Formulae*, das Lee auf sich bezogen haben könnte, wiederholt Erasmus:

Augustinus: *Was, wenn ich ein oder zwei Schatten* [Begleiter] *mitbringe?*

Christianus: *In Ordnung, solange du keine schwarzen Schatten mitbringst.*

A: *Was hältst du davon, wenn ich N mitbringe?*

C: *Den Scotus* [den berühmten um 1300 wirkenden schottischen Scholastiker, dessen scharfsinnige, aber schwer zu lesende Werke Erasmus immer wieder als lebensfern und barbarisch verspottete, oder auch einfach ein Schotte. Lee stammte aus London, nicht aus Schottland.]*?*

A: *Auch Scotus selbst, wenn du das wünschst.*

C: *Also gut, er soll zugelassen sein, wenn er nur seine sophistischen Ungeheuer, seine Pseudologik, seine Hohlheit, seinen Hochmut, seine Bosheit, sein sardonisch giftiges Lachen, seine großsprecherische Angeberei und seine Selbstverliebtheit zu Hause lässt.*

A: *Eher würde er seinen Schwanz zu Hause lassen.*

Den Einschub hat Erasmus übrigens in späteren Ausgaben gestrichen. In der Streitschrift distanziert er sich davon, den Schwanz (*cauda*), der auch im Lateinischen eine sexuelle Konnotation hat, genannt zu haben; der Satz sei von einem Drucker hinzugesetzt worden. Aber ohne Not wiederholt er ihn hier doch und fährt fort: *Was frage ich, steckt in diesem Dialog, das sich auf Lee beziehen könnte, außer er will sich darin selbst erkennen?*[131] Auch einen weiteren analen Scherz, der in späteren Ausgaben der *Formulae* weggelassen wurde, und den Lee auf sich bezog und als obszön gebrandmarkt hatte, gibt Erasmus in extenso wieder:

Was nützen diese inhaltlosen Schriften?

Man kann sie benutzen, um den Podex abzuwischen.

Ich kenne jemanden, dessen Zunge ich für diese Aufgabe vorziehen würde.

Und ich kenne jemanden, dessen Zunge keineswegs sicherer wäre zum Abwischen als giftige Eisenhutblätter.

Dann ist dieser Schlemmer also würdig, Eisenhut zu essen.[132]

Erasmus ließ bald eine zweite Schrift gegen Lee folgen und stachelte auch noch Freunde dazu an, ebenfalls gegen Lee zu schreiben. Offenbar konnte Erasmus Kritik von Gelehrten nicht vertragen. So sehr er von sich behauptete, Polemik sei ihm zuwider, so sehr ließ er sich zu Verteidigungsschriften hinreißen, in denen er selten auf Polemik verzichtete. In der großen Leidener Gesamtausgabe seiner Werke aus dem frühen 18. Jahrhundert füllen seine Apologien zwei eng in Kolonnen gedruckte dicke Foliobände.

Luther warf er vor, zu polemisch zu sein, aber er selbst verzichtete, wie das Beispiel von Lee zeigt, keineswegs auf fragwürdige Angriffe. Freilich fielen sie meist anders aus als bei Luther, der seinerseits Erasmus vorwarf, zu höflich vorzugehen und darum nichts zu bewegen.[133] Luther griff frontal an und polterte mit Namensnennung drauflos. Der Römische Stuhl ist bereits im Februar 1520 *schendlicher als je Sodom und Gomorra*[134] und Ende des Jahres war der Papst, der die Bulle gegen Luther nicht widerrufen wollte, bereits teuflisch, *gotis feynd* und der *rechte Endchrist.*[135] Herzog Heinrich von Braunschweig nannte Luther 1541 noch als fast Sechzigjähriger nicht nur einen *Hans Wurst*, sondern auch ein Werkzeug des Teufels, einen groben *filz, Rulz und Tölpel, der Esel aller Esel* und *ein Erzmeuchelmörder und Bludhund, des gleichen nie erhöret ist unter der Sonnen* usf. Er und die Papisten seien Teufelsanbeter und *Lügener, Diebe und Mörder wider Gott und seine heilige Kirche.*[136] Solch direkte Beschimpfungen und Verteufelungen mit Namensnennung, die auch Erasmus selbst betrafen – den Gealterten nannte Luther zum Beispiel *diabolum incarnatum*, den fleischgewordenen Teufel[137] – pflegte der Rotterdamer meist vornehm zu vermeiden, aber ob seine spöttischen Andeutungen und irritierenden Insinuationen leichter zu ertragen waren, bleibe dahingestellt.

Die scharfen Angriffe Luthers auf den Machtanspruch und die Verdorbenheit des römischen Papsthofes fanden insbesondere im Deutschen Reich einen enormen Widerhall, und seine dogmatischen Angriffe auf die kirchliche Lehrautorität und insbesondere auf die kirchliche Bußlehre wurden bis ins päpstliche Rom hinein begeistert aufgenommen. Sie verschärften die Gegensätze in der Christenheit mehr und mehr. Der Papst antwortete bekanntlich mit dem Bann gegen Luther, und der Kaiser doppelte mit der Acht nach. Wer in Verdacht stand, Luther nahezustehen und seine Lehren zu verbreiten, stand von da an auch in Verdacht, ein Häretiker zu sein, mit allen Konsequenzen für Leib und Leben.

Zunächst war Erasmus kaum besorgt gewesen über Luthers Auftreten. Die 95 Thesen gegen den Ablass, die heute als Auf-

Wenn ich dich anblicke, Erasmus, sehe ich den **diabolus incarnatus** vor mir !
Sag mir, Martin, hast du wieder getrunken ?

takt der Reformation gelten, sandte er noch ein halbes Jahr später unkommentiert an Thomas Morus.[138] Hatte er doch selbst die zeitgenössische Bußpraxis und -lehre längst abgelehnt, insbesondere die Ablasslehre, die Lehre, dass der Papst gegen Geld oder andere Opfer und für gute Werke und Bußübungen aus dem Schatz der Kirche Sünden vergeben und vor Höllenstrafen bewahren könne.[139] Luther schien ein willkommener Mitstreiter zu sein. Beide Theologen waren sich einig, dass das ganze Leben der Gläubigen Buße sein sollte. Im Herbst 1518 bestritt Luther vor dem päpstlichen Legaten die päpstliche Schlüsselgewalt. Halb Deutschland jubelte ihm zu und feierte ihn als seinen Helden. Erasmus blieb gelassen, aber wohlwollend. Luthers Thesen würden allen guten Menschen gefallen. Ob es allerdings klug sei, wenn ein Mönch in dieser offenen Wunde der Christenheit wühle, frage er sich. Es sei eine Aufgabe der kirchlichen und politischen Hierarchien, die dringend nötige Reform der Kirche durchzusetzen. Dass Eck in seiner Schrift *Obelisci* so scharf gegen Luther vorging und ihn zum Häretiker stempelte, konnte Erasmus nicht verstehen.[140]

Die Rechtfertigungslehre

Aber die Luthersache nahm immer gefährlichere Ausmaße an. Im Frühjahr 1519 begann Erasmus zu fürchten, dass der Sturm um Luther seinen geliebten *studia humanitatis* schaden könnte, wetterten doch die Luthergegner auch gegen das *Collegium trilingue* und das Studium der Bibel in den alten Sprachen überhaupt und fingen an, Erasmus mit den Lutheranhängern in den gleichen vermeintlich häretischen Topf zu werfen.[141] Luther gegenüber blieb Erasmus freundlich gesinnt. An den Erzbischof von Mainz schrieb er im Oktober 1519: *Offensichtlich ist, dass von diesen* [Luthers Gegnern] *in Luthers Werken verdammt wurde, was sie in Büchern von Augustin und Bernhard als orthodox, ja sogar als fromm lesen.* Bei Luther also gelte als häretisch, was man beim Kirchenvater Augustin und beim zisterziensischen Kreuzzugsprediger und Mystiker Bernhard für orthodox und fromm halte. Tatsächlich hatten beide gut paulinisch gelehrt,

Gott rechtfertige und erlöse den Menschen nicht aufgrund guter Werke, sondern aufgrund seines Glaubens und Vertrauens auf Gottes Gnade. Luther hatte nach schweren Anfechtungen, als Sünder vor Gottes Gericht nicht bestehen zu können, bei der Lektüre des Römerbriefes zu dieser befreienden Erkenntnis gefunden: Gott schenkt Erlösung dem, der glaubt, dass Christus ein für alle Mal mit seinem Kreuzestod die Sünden der Menschen auf sich genommen und an ihrer Stelle Sühne geleistet hat. Daraufhin hatte er als Grundlage seiner Theologie die sogenannte Rechtfertigungslehre mit den Schlagworten *allein aus Gnade* und *allein aus Glauben* entwickelt: Der durch und durch verdorbene und zum Guten unfähige Mensch, lehrte er, werde allein aus Gottes Gnade und Erbarmen gerechtfertigt, es bedürfe dafür keiner Vorleistung, keiner Bußwerke und keines Opfers in der Messe, sondern nur eines vertrauensvollen Glaubens. Auch Erasmus hatte, wenn auch nicht mit derselben Emphase wie Luther, schon in seinem *Novum instrumentum* von 1516 auf die Rechtfertigung allein aus der Gnade Gottes ohne jedes Verdienst hingewiesen und in seinen *Paraphrasen des Römerbriefes* (1517) und *des Galaterbriefes* (1519) die Rechtfertigung allein aus dem Glauben verfochten.[142] Dabei betonte er anders als Luther nicht die Verworfenheit des Menschen; vielmehr benutzte er die Rechtfertigung allein aus Glauben, um die unbegrenzte Güte Gottes zu preisen, die ohne Vorbedingungen aus lauter Gnade gerecht spricht und zu guten Werken befähigt – ein Glaube ohne Werke blieb für ihn tot. Für ihn war es eine tröstliche Lehre, die den persönlichen Glauben betraf, während Luther die überkommene Kirche grundsätzlich in Frage stellte, indem er sich auf die Rechtfertigungslehre und den Grundsatz berief, dass die Kirche sich nur an die Heilige Schrift zu halten habe. Daraus leitete er nicht nur mit Erasmus Reformvorschläge ab. Er sagte sich von der alten Kirche los. Er forderte, das Bußwesen sei neu zu ordnen, Klöster seien aufzulösen, die Priesterweihe abzuschaffen, das überkommene Kirchenrecht außer Kraft zu setzen und dem Papst als Antichristen der Gehorsam aufzukündigen.

Alles läuft auf einen Aufruhr hinaus

1519 konnte Erasmus noch hoffen, mit seiner Mahnung durchdringen zu können, die Diskussion um die drängenden Reformfragen gehöre nicht in die Öffentlichkeit, sondern in die Gelehrtenstube. Denn damals enthielten sich die deutschen Schriften Luthers, die dem einfachen Mann und der einfachen Frau sein Glaubensverständnis ans Herz legten und für eine christliche Lebensführung warben, noch weitgehend aller romfeindlichen Polemik.[143] Aber schon im Juni 1520 konnte dem feinfühligen Erasmus nicht mehr verborgen bleiben, dass *alles auf einen Aufruhr hinausläuft*, so in einem Brief an den hochbegabten, damals dreiundzwanzigjährigen Philipp Melanchthon, der bereits als Professor in Wittenberg Griechisch lehrte.[144] Dennoch versuchte Erasmus weiter, Luther zu decken; Luther hätte zurückhaltender schreiben sollen, aber weder Luthers Lehre noch sein Charakter seien die Ursache der Empörung, so etwa in einem Brief von 1525. Mit dem Schreiben will Erasmus einen bedeutenden Diplomaten davon abhalten, eine bisher nur handschriftlich verbreitete Streitschrift zu veröffentlichen, in der er der lutherischen Häresie verdächtigt wurde. Ausgerechnet darin schrieb er: *Wenn Du mich bätest, frei darüber zu sprechen, was die erste Quelle dieses Übels war, so würde ich aus meiner Sicht sagen: Das unverhohlen ruchlose Leben mancher Priester, der Hochmut mancher Theologen und die nicht mehr zu ertragende Tyrannei mancher Mönche verursachten diesen Sturm.*[145]

Ende 1520 hatte der für seine riesige Reliquiensammlung berühmte Landesherr Luthers, Kurfürst Friedrich der Weise, den kaiserlichen Rat Erasmus um ein Gespräch gebeten. Er wollte von dem gefeierten Herausgeber des Neuen Testamentes hören, wie dieser über Luther urteilte. Das Gespräch zwischen dem schmächtigen Gelehrten und dem mächtig korpulenten, fürstlichen Lebemann, zwischen dem kühnen Mann des differenzierten Wortes und dem klug abwägenden Politiker fand statt. Erasmus' Urteil über Luther, das er für den Kurfürsten anschließend notierte, ist in Raubdrucken als *Axiomata* überliefert.

Luthers Kritiker seien durchaus nicht über jeden Zweifel erhaben, erklärte Erasmus dem Kurfürsten, während Luther selbst

Da kommt das fette Murmeltier...
... und schleckt Manna !

keine persönlichen Ambitionen habe und darum *weniger verdächtig* sei. Keineswegs dürfe man Luthers Kirchenkritik die Schuld an der ganzen Misere und am Streit geben. Die Ursache läge bei seinen Gegnern, bei ihrem *Hass auf die Wissenschaften* und ihrem *Anspruch auf geistliche Herrschaft*. Nur gerade zwei Universitäten hätten Lehren Luthers verdammt, und die stimmten in ihren Kritikpunkten nicht einmal überein.[146] Das Gespräch dürfte Friedrich den Weisen bewogen haben, seine staatsmännisch motivierte antirömische Politik weiterzuverfolgen, Luther vor dem Zugriff der kaiserlichen Justiz zu verbergen und ihn zu decken.

Eine der beiden Universitäten, die Luthers Lehren verdammten, war ausgerechnet die von Löwen, wo Erasmus wohnte. Sie verurteilte nicht nur Luther, sie feindete auch Erasmus mehr und mehr an. Ihm begann der Boden unter den Füßen zu brennen. Als 1521 Luther in Worms verurteilt wurde und im kaiserlichen Löwen die beschlossenen Maßnahmen wie Bücherverbrennungen rigoros durchgesetzt wurden, entschied sich Erasmus, in die freie Reichsstadt Basel, fern vom kaiserlichen Hof und der ihm feindlichen Theologischen Fakultät in Löwen, umzusiedeln.

VI Evangelium und Reformation – Basel

Froben hatte Erasmus gebeten zurückzukehren, um die dritte Auflage seines Neuen Testamentes mit ihm in Basel vorzubereiten. Zunächst wohnte er wieder bei ihm in der Druckerei, im Haus zum Sessel. Aber er war nun finanziell unabhängig genug, um einen eigenen Haushalt zu gründen. Froben überließ ihm ein benachbartes Haus, in das er für Erasmus eigens einen Kamin hatte einbauen lassen, weil der kränkliche Gelehrte glaubte, Ofenluft nicht vertragen zu können. Froben wollte es ihm schenken, aber Erasmus zog vor, es zu mieten. In dem geräumigen Haus mit ummauertem Garten lebte Erasmus nun mit einer Haushälterin, Famuli und jeweils einer großen Zahl von Gästen.

In Basel wehte tatsächlich ein freierer Geist, aber die Probleme mit der reformatorischen Bewegung waren damit nicht gelöst. Es nützte wenig, dass Erasmus seinem Drucker Froben riet, keine Schriften von Luther mehr zu drucken. Das lukrative Geschäft übernahm gern Adam Petri, neben Andreas Cratander und Johannes Froben einer der drei großen Basler Drucker, die einander freundschaftlich verbunden waren.[147] Erasmus selbst wurde in Basel hoch verehrt – der Rat berief ihn gar als Gutachter in der Lutherfrage. Auch im benachbarten Zürich galt er als *die* theologische Autorität.

Zwingli verschlang seine Bücher und hatte schon 1519 angefangen, nicht mehr nach der alten Perikopenordnung zu predigen. Perikopenordnungen, die bis heute gebräuchlich sind, ordnen einzelne aus dem Zusammenhang gerissene Bibelabschnitte den Sonntagen passend zum Kirchenjahr zu. Zwingli fing nun an, fortlaufend zunächst das Matthäusevangelium, dann die Apostelgeschichte und schließlich die Paulus- und Petrusbriefe auszulegen. Auch Luther begann, Reihenpredigten vorzuziehen. Das entsprach dem, was Erasmus in einer Einleitungsschrift zum Neuen Testament vorgeschlagen hatte: *Es sind dem Neuling die christlichen Grundsätze auf das Ganze bezogen vorzutragen, und zwar zuerst aus den Evangelien und dann aus den*

Schriften der Apostel.[148] Der Schulmeister Myconius las in Zürich mit seinen Schülern Erasmusschriften. Erasmus dürfte geschmunzelt haben, als er davon hörte, hatte ihm doch der etwas trockene Pädagoge 1516, damals Lehrer in Basel, die Illustrationen zum *Lob der Torheit* gezeigt, welche die Brüder Holbein als seine Hörer in sein Exemplar gezeichnet hatten. Eine Skizze porträtierte Erasmus, den die Torheit als ihren Schüler gepriesen hatte. Als Erasmus das Bild sah, rief er aus: *O, wenn Erasmus noch so aussehen würde, würde er sich morgen eine Frau suchen.*[149] Myconius notierte das sorgfältig und erzählte es seinen Hörern. Daraufhin zeichnete Hans Holbein prompt in einer der nächsten Lektionen Erasmus, wie er verliebt einer jungen Schönheit nachblickt und dabei einer Marktfrau in den Eierkorb tritt.[150] Nun war dieser Myconius also in Zürich und las dort nicht nur über das *Lob der Torheit*, sondern auch über Erasmus' grundlegendes Methodenwerk zum Bibelstudium, die *Ratio seu methodus*. Dazu übersetzte in Einsiedeln Leo Jud, ein Freund von Zwingli und Myconius, Erasmusschriften ins Deutsche. Erasmus konnte glauben, seine Reformvorstellungen würden sich immer mehr durchsetzen.

Paraphrasen

Mit viel Elan machte sich der Bibelhumanist daran, die Evangelien nachzuerzählen. Mit dem Römerbrief hatte er schon 1517 begonnen, die Apostelbriefe waren bereits abgeschlossen. Das Paraphrasieren war eine Arbeit, die ihm leicht von der Hand ging. Er erzählte die neutestamentlichen Texte nach und flocht fast unmerklich seinen Kommentar hinein. So entstand ein gut lesbares Erbauungsbuch, das im hochgeschätzten erasmischen Stil die Heilige Schrift neu für die eigene Zeit zum Sprechen brachte. Die *Paraphrasen* waren ein Riesenerfolg. Gelang es Erasmus doch, den Text ganz frisch und lebensnah zu bearbeiten. Als Beispiel sei die berühmte, als *Noli me tangere* in die abendländische Kunst eingegangene Geschichte von Maria Magdalena vor dem offenen Grab nach Joh 20,1-18 mit einigen Kürzungen wiedergegeben:

Die Jünger, erzählt Erasmus, kümmerten sich *zum Teil aus Furcht, zum Teil aus Verzweiflung* nicht um das Begräbnis Jesu. Denn *durch den gewissen Tod des Herrn ist ihnen alle Hoffnung auf die Auferstehung erloschen.* Nur einige Frauen sorgten sich um den Leichnam, so Maria Magdalena, die das geöffnete Grab fand. Sie erzählte den Jüngern davon. Daraufhin liefen Petrus und Johannes mit ihr zum Grab zurück und gingen hinein. Nachdem sie darin nur die wertvollen Grabtücher gesehen hatten, verließen sie den Friedhof wieder. Aber *Maria Magdalena wich, erfüllt von unglaublicher Liebe und Sehnsucht zum Herrn, nicht vom Grabmonument und suchte den Toten, den sie lebend geliebt hatte. Sie wollte dem entseelten Körper einen Dienst erweisen, den sie dem Lebenden nicht mehr hatte erweisen können. So stand sie draußen vor dem Grabeseingang und tat nichts anderes als zu weinen und herumzuschauen, ob sich irgendeine Hoffnung auftue, den Leib zu finden. Während sie nicht wagte, in das Grab hineinzutreten, neigte sie weinend den Kopf und sah* [in der Grabeshöhle] *zwei Engel.* [...] *Deren fröhlicher und gütiger Anblick nahm ihr etwas ihre Angst, die ihr das Grab, die Nacht und die Einsamkeit eingeflößt hatten. Auch trösteten die Engel die Trauernde und sprachen sie an: «Frau, warum weinst du?» Sie aber, von Liebe ganz hingerissen und wie trunken, sagte: «Weil sie meinen Herrn weggenommen haben und ich nicht weiß, wo sie ihn hinlegten.» Sie nannte ihn Herrn und liebte auch den Toten, aber sie war noch ohne Hoffnung auf die Auferstehung.* Als sie dem Blick der Engel folgend, sich umdrehte, *sah sie dort Jesus stehen, den die Engel verehrten, aber Maria wusste nicht, dass es Jesus war. Er erschien nämlich in einer niedrigen Gestalt, um die Frau nicht durch seinen plötzlichen Anblick zu erschrecken. Damit sie wieder Mut fassen konnte, sprach er sie freundlich mit denselben Worten wie die Engel an: «Weib, warum weinst du und was suchst du hier und schaust umher?» Jene glaubte, er sei der Gärtner und Hüter dieses Friedhofgartens* [...], *und sie sagte in weiblicher Schlichtheit: «Herr, wenn du ihn weggenommen hast, so sage mir wo, dann will ich ihn holen.»* [...] *Jesus freute sich über die große Liebe der Frau und sprach zu ihr mit der ihr bekannten Stimme: «Maria.» Beim Klang des vertrauten Tonfalls kehrte sich Maria um. Denn sie hatte sich wieder den Engeln zugewandt – so sehr trieb sie ihr aufgeregtes Herz hin und her. Sie erkannte Jesus. Von plötzlicher Freude übermannt sprach die Schülerin den Lehrer mit dem gewohnten Titel an: «Rabbi». [...] fiel vor ihm nieder und wollte eingedenk ihrer alten Freundschaft seine Füße küssen. Jesus aber, wissend, dass jene noch nicht wirklich erhaben von ihm dachte, obwohl sie ihn rein und von Herzen liebte, verbot ihr den Körperkontakt. Maria sah ihn wohl wieder lebendig vor sich, aber sie glaubte, er sei nur darum wieder lebendig geworden, damit er, der Tote, nun wieder lebend wie zuvor nach seiner Gewohnheit mit den Freunden umgehe. Sie wusste nicht, dass er schon einen unsterblichen Leib hatte, der anders verehrt werden sollte. Denn diesen hat Jesus den Ungläubigen nie dargeboten und nicht jedem oder jeder erlaubt ihn anzufassen. So wollte er die Menschen allmählich von der äußerlichen, körperlichen Liebe wegziehen. Er sagte: «Rühr mich nicht an! Es ist zwar derselbe Körper, der am Kreuz hing, aber er ist schon mit der unsterblichen Herrlichkeit köstlich umkleidet. Deine Sehnsucht und was dich anficht, bezieht sich noch auf mein Fleisch. Ich bin noch nicht zum Vater aufgefahren. Wenn das geschieht, will ich euch den Geist zum Tröster senden. Der wird euch vollkommen machen und würdig für eine geistliche Gemeinschaft mit mir. Jetzt soll es dir genügen, dass du mich gesehen und meine Worte gehört hast. Aber du sollst vor allem zu meinen Brüdern gehen, die über meinen Tod verzweifelt sind. Mit ihnen sollst du zuerst die Freude teilen, die dir mein Anblick schenkte. Sag ihnen mit meinen Worten, dass ich auferstanden bin und noch einige Tage bei ihnen bleiben und dann zum Himmel zu meinem und zu eurem Gott auffahren werde.»*

Erasmus lässt die Geschichte nacherzählend und zugleich kommentierend nicht einfach wie der Evangelist enden. Nach Johannes erklärt Jesus zum Schluss, er sei noch nicht zum Vater aufgefahren, und fordert Maria auf, die Jünger von der Erscheinung zu benachrichtigen. Erasmus aber lässt Christus darüber hinaus sagen: Maria solle die Jünger an ihrer eigenen Freude teilnehmen lassen und gibt ihr, anspielend auf eine andere Bibelstelle (Joh 14,26), das Trostwort mit: Er wolle, wenn er zum Vater aufgefahren sei, den Heiligen Geist senden, der werde sie ermutigen.[151] Vor allem aber fällt eines auf: Jesus führt Maria behutsam aus ihrer Angst und Trauer zum freudigen Glauben an die Auferstehung. Schritt für Schritt können sich unter seiner Leitung ihr Glaube und ihre Erkenntnis entwickeln. Ihre Erkenntnis bezieht sich zunächst nur auf den irdischen Jesus, aber sie ist nicht falsch, sondern ist nur noch nicht zur vollen Einsicht vorgedrungen.

In einer Predigt von Luther dagegen ist Maria tadelnswert und ihre Annahme falsch. Der Reformator erklärte: *Christus hat mit diesen Worten* [rühr mich nicht an] *der Maria Meinung diese straffen wollen und anzeigen, das die selb falsch und unrecht sey.*[152]

Der Glaube soll sich entfalten

Hier stoßen wir auf den wohl wichtigsten Gegensatz zwischen Luther und Erasmus. Luther, der in einem überwältigenden Bekehrungserlebnis zu seinem reformatorischen Glauben gefunden hatte, forderte in Glaubensfragen immer wieder eine eindeutige Entscheidung, es gab nur ein Ja oder ein Nein, richtig oder falsch. Man mochte sich in der Glaubensvermittlung dem Entwicklungsstand des Katechumenen anpassen – und das taten Luther und andere Reformatoren vorbildlich in ihren Katechismen – aber der Glaube blieb immer derselbe, er entwickelte sich weder im Individuum noch in der Geschichte. Entsprechend waren auch die protestantischen Katechismen aufgebaut. Da fragt der Lehrer oder Hausvater vorgefertigte Meinungen ab, die präzis und abschließend den einen einzigen Glauben bekennen. Luther lässt etwa zum Glauben an den allmächtigen Schöpfer abfragen: *Was ist das?* Und das Kind muss antworten: *Ich gläube, daß mich Gott geschaffen hat* [...] *und für allem Ubel behüt und bewahret, und das alles aus lauter väterlicher, göttlicher Güte und Barmherzigkeit ohn alle mein Verdienst und Wirdigkeit, des alles ich ihm zu danken und zu loben und dafür zu dienen und gehorsam zu sein schüldig bin, das ist gewißlich wahr.*[153] Calvin lässt fragen: *In welchem Sinne teilst du ihm den Namen des Allmächtigen zu?* Das Kind antwortet: *Nicht so, dass er Macht hätte, die er nicht ausübte, sondern so, dass er alles selbst unter seiner Gewalt und in seiner Hand hat. Nach seiner Vorsehung regiert er die Welt; nach seinem Willen bestimmt er alles und leitet alle Kreaturen, wie es beschlossen ist.* Darauf der Katechet: *So meinst du, dass Gottes Allmacht nicht müßig sei, sondern du denkst dir sie so, dass er seine Hand immer zum Handeln erhoben hat, so dass nichts geschieht außer durch ihn selbst und auf seinen Befehl hin.* Und das Kind hat zu bestätigen: *So ist es.*[154]

Erasmus geht in seinem Katechismus ganz anders vor. Bei ihm fragt der lernbegierige junge Mann und der Katechet antwortet. Da ergibt sich eine Frage aus der anderen, denn es geht darum den Glauben zu vertiefen. Der Glaube soll nicht ein für alle Mal gelernt und geprüft werden, sondern wachsen und reifen. *Möge Gott doch, nachdem ich gepflanzt und gegossen habe, Wachstum schenken bis zu einer echten Reife*, hofft der Katechet bei ihm.[155]

Wie der Glaube sich im Lebenslauf des einzelnen Gläubigen entfalten sollte, so entfaltete er sich nach Erasmus in der Heilsgeschichte auf Christus hin: Die Väter und Propheten des Alten Testamentes hatten Gott nur schattenhaft erkannt, erst mit dem Kommen Christi in diese Welt offenbarte sich Gottes Liebe ganz. Christus bildet die Mitte der Geschichte und des Glaubens. Von ihm geht alles aus und auf ihn läuft alles hin. Darum musste und muss der Glaube der folgenden Kirchengeschichte sich Christus immer wieder neu anverwandeln. Schon die Evangelisten haben den Glauben je auf ihre Weise bezeugt. So lässt Erasmus beispielsweise den Evangelisten Johannes begründen, warum er nach den anderen drei auch noch ein Evangelium schrieb. Der Grund sei, dass die anderen Evangelisten die göttliche Natur Jesu nur vage angedeutet hätten, *soweit das für ihre Zeit passend schien*, einer Zeit, in der das Bekenntnis zum trinitarischen Gott allzu leicht als ein Bekenntnis zum Vielgottglauben hätte missverstanden werden können. Erst Johannes habe offen die göttliche Natur Christi bekannt.[156] Die Zurückhaltung der älteren Evangelisten war für Erasmus nicht etwa ein bedauerlicher Mangel, sondern entsprach Gottes Heilswillen: *Damit der evangelische Glaube umso fester werde, hat es Gott gefallen, dass der Glaube erst allmählich nach dem Fortgang der Zeit und der Aufnahmefähigkeit der Menschen dem sterblichen Geschlecht zugeteilt wurde.*[157]

Ganz anders die Reformatoren. Für sie blieb – in der Tradition des Kirchenvaters Augustin – der Glaube unveränderlich und immer gleich. Für sie hatte Adam schon im Paradies den ganzen christlichen Glauben. Mit Luthers Worten: *Adam war schon ein Christ wie wir, er glaubte nämlich an denselben Christus, an den wir glauben.* Denn *die zeit macht keine unterscheid des Glaubens.*[158] Heinrich Bullinger, als Antistes von Zürich Nachfolger Zwinglis, widmete 1539 dem Thema *Das der Christen gloub von anfang der wält gewärt habe* eine ganze Schrift. Nach ihm hat Adam bereits *ein glouben und erkanntnuß unseres Herrn Christi ghept* und *in jm ware Gottheit und menschheit erkennt.*[159]

Luther hat denn auch 1534 Erasmus als unentschuldbares Vergehen vorgeworfen, er behaupte (wie die heutige Geschichtsforschung), zur Zeit des Kirchenvaters Hilarius, also in der Mitte des vierten Jahrhunderts nach Christus, sei die Trinitätslehre noch nicht voll entfaltet gewesen.[160] Erasmus seinerseits warf, wie noch gezeigt werden wird, den Reformatoren vor, sie wollten ohne jedes historische Bewusstsein das Rad der Geschichte zurückdrehen und im 16. Jahrhundert die Gemeinden gleich einrichten wie zur Zeit der Apostel.

Erasmus widmete seine Evangelienparaphrasen, die er in rascher Folge 1522–23 herausgab, den vier bedeutendsten Fürsten Europas und erinnerte sie in Vorworten an ihre Verantwortung als christliche Herrscher. Nachdrücklich mahnte er sie zum Frieden. Die vornehmsten Aufgaben der Könige seien, Kriege zu verhindern, jedem Anschlag auf die öffentliche Freiheit vorzubeugen und das Volk vor Hunger zu bewahren. Gute Maximen, aber kaum sehr motivierend für ambitionierte junge Fürsten! Sie haben sich jedenfalls nicht daran gehalten. Kaum war der gealterte Kaiser Maximilian gestorben, begann zwischen dem Habsburger Erben Karl V. und Franz I. von Frankreich das erbitterte Ringen der beiden jungen Herrscher um die Vorherrschaft in Italien, ein Ringen, das halb Europa in grausame Kriege hineinzog.

Die reformatorische Bewegung

Basel freilich blieb von Kriegsschäden verschont, aber es wurde mehr und mehr in die Kämpfe um die Reform der Kirche hineingezogen, Kämpfe, die sich bedrohlich mit sozialen und politischen Problemen verbanden. Von Anfang an mischte sich der Rat in die Fragen ein. Er entließ 1521 den ersten lutherisch gesinnten Prediger,[161] verlangte aber von allen Geistlichen durchaus im Sinne von Luther, sich in ihren Predigten ausschließlich an die Heilige Schrift zu halten, allerdings auch, auf Polemik zu verzichten.[162] Am Palmsonntag 1522 hatte ein Arzt mit Eklat die Fastenzeit gebrochen und mit bekannten Klerikern ein Spanferkel gegessen. Zur Rechenschaft gezogen, beriefen er und seine Freunde sich auf Erasmus, der wegen seiner Fischallergie in den Fasten Hühnerbrühe zu essen pflegte. Er hatte sich dafür freilich eine päpstliche Dispens besorgt. Erasmus reagierte sofort. Er veröffentlichte eine Schrift, in der er den Fastenbrechern übereiltes Handeln vorwarf. Grundsätzlich war er jedoch mit ihnen einig; die Fastengebote sollten freigegeben werden, aber eine Reform sei mit und durch die kirchliche Hierarchie durchzusetzen.[163]

Auch in Zürich hatte man die Fasten gebrochen, und im Sommer 1522 hatte Zwingli sich in einem Pamphlet vom Bischof von Konstanz losgesagt, einem bedeutenden Bischof, den Erasmus gerade für seine Reformpläne zu gewinnen hoffte. Entsetzt schrieb Erasmus an seinen jungen Verehrer Zwingli:

Ich beschwöre Dich bei der Ehre des Evangeliums – von dem ich weiß, dass Du es in deinem Herzen über alles stellst, so wie wir alle es sollen, die den Namen Christi tragen – ich beschwöre Dich, wenn Du in Zukunft irgendetwas veröffentlichst, dass Du eine ernste Aufgabe ernsthaft durchführst. Sei darauf bedacht, es dem Evangelium gemäß zu tun, so bescheiden wie klug! Frage gelehrte Freunde um Rat, bevor Du irgendetwas unter das Volk bringst! Ich fürchte, diese Verteidigung bringt Dir große Gefahr und schadet dem Evangelium. Schon auf den wenigen Seiten, die ich gelesen habe, ist vieles, wovor ich Dich gewarnt haben wollte. Ich zweifle nicht, dass Du mit deinem feinen Sinn diesen Brief gut aufnimmst. Denn ich schreibe mit der wärmsten Empfindung für Dich noch spät in der Nacht. Lebe wohl.

Dein Freund Erasmus an den besonders werten Meister Huldrych Zwingli, Pfarrer in Zürich.[164]

Im Brief zittert die Erregung nach, aber er lässt auch erahnen, wie offen Meinungsverschiedenheiten angesprochen werden konnten zwischen den Freunden, dem älteren Humanisten und dem jüngeren Leutpriester in Zürich.

Der Brief hatte nicht die von Erasmus gewünschte Wirkung. Im November erschien in Zürich eine anonyme Schrift, die das

Reich aufzuhetzen versuchte gegen Papst Hadrian VI., der angeblich wegen Häresie gegen Erasmus vorgehe. – Tatsächlich strengte in Rom gerade ein spanischer Humanist gegen Erasmus einen Prozess an, allerdings erfolglos, da mächtige Gönner den Humanisten deckten. – Die Schrift war von Huldrych Zwingli. Nochmals griff Erasmus sofort zur Feder. Hatte er sich doch gerade dem neuen Papst, seinem Landsmann und Bekannten aus früheren Zeiten, als Berater in der Luthersache angeboten. Er konnte hoffen, mit diesem persönlich integren Oberhaupt der Kirche seine Reformideen durchzusetzen. Und nun hetzte Zwingli den Papst auf. Umgehend schrieb der empörte Erasmus nach Zürich:

Sei gegrüßt. Es entspricht Deiner Menschlichkeit, mein lieber Zwingli, meinen Eifer für Dich wohlwollend aufzunehmen. Aber ich ermahne viele umsonst. Ich könnte die Tollkühnheit anderer leicht ertragen, wenn diese Angelegenheit nicht der Wissenschaft, tüchtigen Männern und der Sache des Evangeliums schadete. Indem sie sie auf dumme Weise fördern, behindern sie sie so sehr, dass jemand, der die Lehre Christi auslöschen wollte, keine bessere Arbeit leisten könnte. Es ist wieder ein unsinnigster Unsinn über den Papst erschienen. Hätte der Autor seinen Namen dazugesetzt, hätte er vollends wahnsinnig gehandelt. Nun hat er seinen Unsinn, der so gefährlich wie abgeschmackt ist, anonym veröffentlicht. Wenn alle Lutheraner von solcher Art sind, dann können sie mir alle gestohlen bleiben. Nie habe ich etwas Wirreres und Ungelehrteres gesehen. Wenn mich der Winter nicht hier festhielte, würde ich lieber irgendwohin ziehen, als gezwungen zu sein, so Unsägliches zu hören. Lebe wohl, mein Zwingli, und führe die Sache des Evangeliums klug und tapfer. Dein Erasmus.[165]

Erstaunlich ist, wie gut Erasmus offenbar über die Autorschaft des anonymen Werkes unterrichtet war, und noch erstaunlicher, dass Zwingli ihm auf den beleidigenden Brief hin nicht die Freundschaft aufkündigte; er hat sich im Gegenteil weiter um ihn bemüht und mit ihm Briefe gewechselt,[166] ging aber seinen reformatorischen Weg geradlinig fort. 1523 gab er seine *Schlussreden* in Druck, ein eigentliches reformatorisches Manifest. Mit den Schlagworten *sola scriptura* und *solus Christus* fasste er seine Lehre zusammen. Die Schrift allein soll anerkannt werden, das kirchliche Lehramt muss abgeschafft werden, Christus allein ist der Mittler des Heils, Heiligenverehrung ist Götzendienst, Priester können das Heil nicht vermitteln, nur im Wort zusprechen. Erasmische Reformvorstellungen werden radikalisiert und in schlagkräftige Kampfparolen umgewandelt.

Inzwischen droht Ungemach vom Kaiserhof. Von dort hört Erasmus, Karl V. sei sehr unzufrieden mit ihm. Statt als ‹kaiserlicher Rat› am Hof zu wirken, reise er in der Welt herum und habe seinen Hauptwohnsitz ausgerechnet in der freien Reichsstadt Basel aufgeschlagen. Das, so wurde gemunkelt, habe gute Gründe, er sympathisiere nämlich mit den Lutheranern, die doch in Worms vom Kaiser verurteilt worden waren und deren Werke er verbrennen ließ. Der Kaiser sei sehr verärgert, und Erasmus könne sich in Brabant nicht mehr zeigen.

Erasmus verteidigt sich

In Briefen des Jahres 1523 an Markus Laurinus, einen befreundeten, dem Kaiserhof nahestehenden Kanoniker in Löwen, holte der Humanist zu seiner Verteidigung weit aus.[167] Die Briefe verraten viel über Erasmus' Charakter. Er listete alle seine Reisen genau auf und behauptete, er habe, solange er bei Brüssel gelebt habe, an den Kaiserhof gehen wollen, nur Arbeit und Krankheiten hätten ihn daran gehindert. Ferner sei es völlig aus der Luft gegriffen, dass der Kaiser und die Eliten im Reich ihm ihre Gunst entzogen hätten. Ganz im Gegenteil werde er überall gerade von den Mächtigen in Kirche und Reich ehrenvoll empfangen. Der Kaiser habe ihm sehr freundlich für die Dedikation der *Matthäusparaphrase* gedankt. Wieder kann der Selfmademan Erasmus es nicht lassen aufzuschneiden, so sehr, dass er selbst einräumen muss: Der Briefleser werde über seine Angeberei lachen, aber er werde eben durch die Schändlichkeit seiner Verleumder dazu gezwungen.[168]

Richtig, erklärte er, sei, dass er nach Worms zum Reichstag eingeladen wurde und nicht hinging.[169] Da konnte Erasmus keine Krankheit vorschützen, aber für den hypochondrisch Veranlagten genügte auch schon die Angst vor Krankheiten. Bei

Kurfürst
und Volk standen
hinter mir!

Mir machte ganz Europa
den Hof: Könige,
Kaiser, Päpste!
Ach Martin,
warum bleibst
du so
schrecklich
provinziell?

einer solchen Ansammlung von Menschen drohe die Pest, machte er geltend. Der habe er sich mit seinem schwachen Körper nicht aussetzen wollen. Tatsächlich war Erasmus viel krank, er litt an Nierensteinen. Aber was macht er für eine Geschichte daraus! Er vergleicht die schier unerträglichen Schmerzen mit Wehen, denen die Geburt der Steine folgt,[170] und berichtet in seinen Briefen uns hier und sonst detailliert über seine Gebrechen. Erasmus war, was seinen Körper betraf, überängstlich. So würdig er mit siebzig Jahren in Basel zu sterben verstand, so sehr hat er einen vorzeitigen Tod gescheut. Nicht nur ist er immer wieder vor jeder Pestepidemie geflohen, während er doch als Geistlicher hätte seinen sterbenden Nachbarn beistehen sollen. Er hat auch seine Angst vor einem Häretikerprozess, bei dem ein Todesurteil drohte, nicht zu meistern vermocht. Lieber ließ er seine besten Freunde fallen und verging sich gegen die Regeln des Gastrechtes. So hat er den todkranken, von weltlichen und geistlichen Behörden verfolgten Ulrich von Hutten nicht in sein Haus gelassen. Als der Ritter nach seinem erfolglosen Pfaffenkrieg nach Basel geflohen war, verband ihn freilich nicht mehr viel mit dem friedliebenden Gelehrten. Aber auch den gleichgesinnten Humanisten Vives hat er nicht unterstützt, als dessen Eltern in Spanien verfolgt wurden, und die herzliche Freundschaft mit dem reformiert gewordenen Konrad Pellikan ließ er über dem Abendmahlsstreit zerbrechen.

Erasmus gibt neben der Angst vor Ansteckung einen weiteren Grund an, warum er nicht nach Worms und auch später nicht an den Kaiserhof reiste. Er habe gefürchtet, der Kaiser werde von ihm verlangen, den Kampf mit Luther auszufechten. Das wolle er nicht. Denn er hasse Streit und Kampf über alles. Nicht nur, weil Streit der Lehre Christi widerspreche, der Abscheu vor Auseinandersetzungen sei ein *natürlicher Instinkt*, eine *unerklärliche Naturkraft* in ihm, die er nicht überwinden könne. Und nun herrsche überall privat und öffentlich Hass, und die ganze Welt sei im Streit zerfallen.[171] Erasmus schätzte sich selbst als überaus friedliebend ein und seufzte über seine vielen Verteidigungsschriften. Er habe sie nur gezwungenermaßen geschrieben. Die Angst vor Verurteilung, Schande und Verlust seines Lebens und Werkes war freilich keine eingebildete Angst. Er durfte, anders als viele seiner Anhänger, friedlich eines natürlichen Todes sterben, sein Werk aber kam sieben Jahre nach seinem Tod auf den römischen Index der verbotenen Bücher, und die protestantischen Orthodoxie verachtete es.

Gerade auch der Umgang mit seinen Briefen zeigt, wie sehr Erasmus seine Reputation am Herzen lag. Er hatte seit 1518 begonnen, seine Briefe herausgeben zu lassen.[172] Das besorgte sein Freund Beatus Rhenanus für die Froben'sche Druckerei. Briefe herauszugeben, war unter Humanisten durchaus üblich. Ein Briefwechsel zwischen zwei Gelehrten zu einem bestimmten Thema ersetzte weitgehend unsere heutigen wissenschaftlichen Zeitschriften und digitalen Diskussionsforen. Die Briefausgaben von Erasmus dienten allerdings auch anderen eigenen Interessen. Der Humanist wagte denn auch erst von 1529 an, sie selbst herauszugeben. Denn Erasmus veröffentlichte durchaus nicht nur wissenschaftlich interessante Briefe, sondern ein abwechslungsreiches Allerlei zu verschiedensten Themen und vor allem Briefe von und an hochgestellte und weitherum bekannte Persönlichkeiten. So erhöhten sie sein Renommee und bedienten auch das Klatschbedürfnis der gelehrten Elite. Zeitgenossen kritisierten sie denn auch als angeberisch. Sie waren ein ausgesprochen lukratives Geschäft, zumal die stilistisch vorbildlichen Erasmusbriefe weniger gewandten Briefschreibern als Vorlagen dienten. Erasmus hatte die Briefe, die er veröffentlichte, sorgfältig ausgewählt und sie vor der Drucklegung überarbeitet. Der hier zitierte Brief an Markus Laurinus dürfte zunächst aus mindestens zwei Briefen bestanden haben, die Erasmus zusammenfasste, und ein Brief von Laurinus, auf den sie sich bezogen, ist nicht überliefert. Immerhin war Erasmus nachlässig und auch kühn genug, zuweilen Fragwürdiges stehen zu lassen.

Der heutige Leser würde erwarten, Erasmus werde, um sich gegen den Vorwurf zu verteidigen, er sei ein häretischer Lutheraner, den Reformator in die Hölle verdammen oder doch wenigstens dessen Lehren verurteilen. Aber das ist weit gefehlt. Bei all seiner Ängstlichkeit ist er nie so weit gegangen, seine tiefsten Überzeugungen zu verleugnen. Freilich wusste er sie auch in Briefen literarisch so zu verpacken, dass er schwer anzugreifen war.

In dem Brief an Laurinus, wie Erasmus ihn publizierte, stritt er zwar ab, ein Lutheraner zu sein, betonte jedoch, dass Luther zweifellos das Verdienst habe, auf viele Missbräuche hingewiesen zu haben, um die Kirche zu heilen.[173] Für die weitere Auseinandersetzung führte Erasmus einen fiktiven Gesprächspartner ein, einen Lutheraner, mit dem er sich über Luther unterhält. Dem kann er nun, ähnlich wie der Närrin im *Lob der Torheit,* allerlei Sätze in den Mund legen, für die er selbst nicht die Verantwortung übernehmen muss. Erstaunlicherweise diskutieren die beiden aber nicht darüber, ob Luther Recht habe oder nicht. In dem fiktiven Gespräch wehrt sich Erasmus gegen Vorwürfe des Lutheraners, er, Erasmus, habe die gute Sache Luthers aus Feigheit und Ruhmsucht verraten. Er macht dagegen geltend, er habe vor der Art, wie Luther seine Reform durchführt, gewarnt und mit seiner Kritik immer wieder versucht, Luther von seinen übereilten kirchenpolitischen Entscheiden und seinen groben Beschimpfungen abzuhalten. Schaffe der sich doch mit seiner unflätigen Polemik nur Feinde. Damit habe er Luthers Sache nicht geschadet, sondern versucht, ihr zu helfen, leider ohne Erfolg.[174] Das Fazit für den Leser ist: Erasmus ist von Luther enttäuscht, nicht weil dieser ein Häretiker wäre, sondern weil er Unfrieden säte.

Der Willensstreit

Erasmus geht nur auf eine einzige strittige Lehre von Luther ein: die Willenslehre, ein Thema, das er ein Jahr später breit aufgreifen wird. Er konnte sich den dringenden Mahnungen gerade auch des Papstes, seine Stellung zu Luther zu klären, nicht mehr verschließen. Es handelt sich um ein Problem, das die Philosophie und Theologie im Abendland seit eh und je beschäftigte und das im 21. Jahrhundert, von Hirnforschern angeregt, wieder vermehrt die Gemüter erregt. Heute allerdings diskutiert man nur den innerweltlichen Aspekt, die Frage, ob der Mensch bewusst und aus freiem Willen handle und wieweit er dafür verantwortlich gemacht werden dürfe. Erasmus und Luther interessierte dagegen, ob und wieweit der Mensch etwas zu seiner Erlösung beitragen könne. Traditionell wurde gelehrt, der Mensch bedürfe zu seiner Erlösung der Gnade Gottes, die ihn befähige, sich zu guten Werken aufzuraffen. Aufgrund der vom Menschen dank Gottes Gnade willentlich ausgeführten guten Werke schenke Gott dann Erlösung. Luther lehrte: Gute Werke bewirken gar nichts, Wollen und Vollbringen liegen allein bei Gott. Von Erasmus herausgefordert, wird er überdeutlich. Der Mensch werde entweder vom Teufel oder von Gott geritten, nicht wohin der Mensch wolle, sondern wohin der Reiter wolle. Er könne durch sein Leben nichts zur Erlösung beitragen. Er sei von Ewigkeit her zur Verdammnis oder zur Erlösung bestimmt.[175]

Erasmus erklärte, dass dieses Problem nicht schlüssig zu lösen sei: Schon vor Christi Geburt hätten die Philosophen über das Fatum diskutiert und seien vor einem Abgrund von Schwierigkeiten gestanden rund um die Frage der Vorherbestimmung und die Diskussion um den Freien Willen und die Selbstverantwortung des Menschen. Er rate, nicht zu viel Zeit auf diese Fragen zu verwenden, denn niemand könne sie endgültig lösen. Er halte es für besser, die Menschen zu ermutigen, auf jede Weise nach dem Besten zu streben, dabei aber den Erfolg nicht sich selbst, sondern Gott zuzuschreiben. Erasmus verdeutlichte mit einem zarten Bild, was er meinte: Ein Vater richtet sein kleines Kind auf, das noch nicht recht laufen kann. Er hält es im Arm und zeigt ihm einen Apfel. Das Kind will auf die Frucht zulaufen. Aber es fällt. Der Vater führt es zum Apfel und schenkt ihn dem Kinde. Der Vater hat alles getan. Aber das Kind hat doch Willen gezeigt.[176] Eine solche Willenslehre ließe sich – mit einigem ‹guten Willen› (aber der war ja gerade umstritten) – durchaus mit der lutherischen Rechtfertigungslehre verbinden. Erasmus selber formulierte denn auch wenig später in seiner erbaulichen Schrift zum Gebet ganz im Sinne Luthers: *Wer der Gerechtigkeit durch Verdienste etwas zuteilt, der lobt Gott nicht.* […] *Aber herrlich wird Gott gelobt, wenn der Mensch erkennt, dass er selber nichts aus sich heraus ist.*[177] Auch erklärte er mit Paulus und Luther, dass der Mensch allein aus Glauben gerechtfertigt wird.[178]

Erasmus schrieb 1527 in einem Brief: *Wenn man den freien Willen nicht duldet, ist zu befürchten, dass einige die Sorge um die guten Werke aufgeben. Wir stehen der Skylla gegenüber, aber vor uns haben wir die Charybdis, die noch schrecklicher ist: Uns selbst zuzuschrei-*

Ach, und jetzt der Papst Leo! Den will ich nicht sehen!
Na siehst du? Du hast also doch einen Willen!

ben, was ganz der göttlichen Freigiebigkeit zuzuschreiben ist. So zeigte er in der Debatte um den Freien Willen für Gegner und Befürworter eines freien Willens Verständnis. Der Mensch dürfe weder, statt auf Gottes Gnade zu vertrauen, auf sich selbst und seine guten Werke bauen, noch verantwortungslos jubeln: Lasst uns das Leben genießen, es ist ja sowieso alles vorherbestimmt. Erasmus versuchte also immer noch, zu einem differenzierten Vorgehen aufzurufen und eine neutrale Zuschauerrolle zu bewahren.[179]

Der Humanist ließ in dieser ersten Schrift gegen den Reformator dem Angegriffenen eine Tür offen, ohne Gesichtsverlust antworten zu können. Er sandte die Schrift nicht Luther direkt, sondern Melanchthon zu, in der Hoffnung, dieser werde sie Luther genau in diesem Sinne übergeben. Melanchthon versprach denn auch, Luther werde moderat antworten. Luther freilich, frisch verheiratet und durch die Bauernkriege schwer erschüttert, antwortete mit bissiger Schärfe. Erasmus seufzte nach der Lektüre der Gegenschrift: *So feindselig hat er noch gegen niemanden geschrieben. Ich habe einmal erklärt, niemand sei so unbezähmbar, dass ihn eine Frau nicht im Zaum halten könne. Aber da habe ich mich schwer getäuscht. Während seiner Flitterwochen hat er dieses so alles andere als zahme Buch geschrieben.* Dazu habe Luther noch in einem Brief nach der Publikation behauptet, er hätte sich um unserer Freundschaft willen zurückgehalten und *ich solle ihm dafür dankbar sein.*[180]

Skepsis

Erasmus hatte allen Grund, ihm nicht zu danken, verschrie Luther doch den gefeierten Herausgeber des Neuen Testamentes gröblich als theologisch inkompetent, als Atheisten und Gotteslästerer. Er sagte ihm insbesondere nach, *es sei ihm gleich, was immer von wem auch geglaubt werde.* Sobald *Leben, guter Ruf, Besitz und Ansehen bedroht seien*, knicke Erasmus ein und sei bereit, auch die Wahrheit zu verleugnen. Er stehe zu nichts und sei ein unchristlicher Skeptiker. Das war eine grobe Beschimpfung. Was über die Denkschule der griechischen Skeptiker bekannt war, galt weitherum als abstoßend und zutiefst unchristlich, ja atheistisch. Erasmus hatte diesen Vorwurf allerdings selbst heraufbeschworen. Nicht nur betrachtete er gern ein Thema von verschiedenen Seiten, wie es die antiken Skeptiker empfohlen hatten. Er scheute sich auch nicht, das selbst bei theologischen Problemen, so eben auch in der Willensfrage, zu tun. Er hatte darüber hinaus kühn bekannt: *Und so wenig freue ich mich an festen Behauptungen, dass ich mich lieber der Meinung der Skeptiker anschließe, wo immer es nach der unverletzlichen Autorität der Heiligen Schrift und den kirchlichen Dekreten erlaubt ist.*[181] Darauf entgegnete Luther bestimmt: *Der Heilige Geist ist kein Skeptiker, er hat nicht Zweifel oder bloße Meinungen in unsere Herzen geschrieben, sondern feste Behauptungen, die sicherer und gewisser sind als das Leben selbst und alle Erfahrung.*[182]

Was die menschliche Verstandeskraft betraf, war Luther ebenso skeptisch und kühn wie Erasmus. Er sprach von einem Graben, der sich zwischen der menschlichen Vernunft und dem biblischen Glauben auftue, ja, die Augen der Vernunft seien auszustechen, wenn es um Glaubensfragen wie etwa die trinitarische Einheit von Gott Vater, Gott Sohn und Gott Heiligem Geist gehe.[183] Alles Menschliche sei von Irrtum entstellt, lehrten beide. Das war damals bereits revolutionär genug. Erasmus nannte die *menschliche Weisheit Narrheit* nicht nur im *Lob der Torheit*, sondern auch in seiner *Ratio seu methodus*, also seiner grundlegenden Methodenlehre für Theologen.[184] Auch erklärten beide: Sicheres Wissen ist nur in Gottes Wort zu finden, und der Mensch bedarf des Heiligen Geistes, um die Schrift zu verstehen. Sie zogen daraus jedoch verschiedene praktische Folgerungen. Luther lehnte, sich auf sein Gewissen und die Schrift berufend, die Lehrautorität der Kirche als einer menschlichen Autorität ab und bestand darauf, dass der Heilige Geist klare absolute Antworten gebe. Da die überkommene Kirche nicht auf seine Lehren einging und ihn verketzerte, trennte er sich von ihr und nahm die Kirchenspaltung mit all ihren Konsequenzen in Kauf. Erasmus, dem eigenen Urteil auch in Glaubensfragen misstrauend, war bereit, sich lieber dem Mehrheitsentscheid der kirchlichen Tradition zu unterziehen, als einen Flächenbrand zu entzünden, der ganz Europa in Aufruhr versetzen würde. Die Frage, die Erasmus aufwarf, war nicht, ob dem Gewissen zu folgen und ob die

Heilige Schrift die oberste Autorität sei. Das vertrat er genauso wie Luther. Die Frage war, ob nicht viele Stellen in der Heiligen Schrift für den schwachen menschlichen Verstand dunkel bleiben, auch wenn der Leser sich demütig vom Heiligen Geist leiten lässt. In solchen Fällen wollte er – wo der Glaube es zuließ – wie ein Skeptiker der Antike die Antwort offen lassen oder sich als Christ dem kirchlichen Konsens von Jahrhunderten anschließen.[185]

Luther und Erasmus haben mit ihrem Ringen um die Wahrheitsfrage unter Theologen eine Jahrhunderte andauernde Debatte über den Skeptizismus ausgelöst. Katholiken warfen Protestanten vor, Luther und Calvin hätten mit ihrer Ablehnung der kirchlichen Tradition und Lehrautorität und ihrer Berufung auf das eigene Gewissen, die Wahrheit der schwankenden Subjektivität jedes einzelnen Gläubigen ausgeliefert und so einem verheerenden Skeptizismus und Sektentum Tor und Tür geöffnet. Protestanten warfen Katholiken vor, sie würden mit ihrer kirchlichen Lehrautorität die göttliche Wahrheit ihrem eigenen bzw. dem Urteil des Papstes unterwerfen. Damit aber hätten gerade sie dem Skeptizismus Tor und Tür geöffnet. Denn es gehe um die Frage, ob die Kirche sich nicht täuschen könne, darin könne sie jedoch unmöglich selbst ihr eigener Richter sein. Alle vernünftigen Leute müssten darum an der von ihr vertretenen Wahrheit zweifeln.[186] Erst Aufklärer nahmen vermehrt die skeptischen Ideen auch zustimmend auf und entwickelten sie weiter.

Erasmus war über den Vorwurf Luthers tief gekränkt.[187] Er ließ zwei langfädige Verteidigungsschriften folgen, in denen er sich gegen den Vorwurf wehrte, als Skeptiker das Christentum zu unterminieren. Er sei ein gläubiger Christ, der nicht zögern würde, für seinen Glauben *in den Tod zu gehen*. Aber er beharrte darauf, in unlösbaren Glaubensfragen, in Fällen, wo es nur zweifelhafte Auslegungen gebe, ein Skeptiker sein zu wollen. In Fragen, die in der Heiligen Schrift eindeutig beantwortet würden, da gebe es kein Schwanken. In Zweifelsfällen jedoch, die die Kirche entschieden habe, da gebiete ihm sein Gewissen, sich der von vielen gutgeheißenen Tradition zu beugen, weil in vielen dogmatischen Fragen weder die Schrift klar noch den Verstandeskräften zu trauen sei.[188]

Wir brauchen feste Glaubenssätze !
Glaubst du wirklich ?

In einem Brief nach Wittenberg an den jüngeren Melanchthon hatte er seinem Ärger über den Lauf der reformatorischen Bewegung schon zuvor Luft gemacht. Darin bekannte er zugleich, wie er Reformen durchsetzen wollte. Luther gehe viel zu offensiv vor und treibe alles auf die Spitze. Manche mögen in seiner Überheblichkeit einen Beweis für sein gutes Gewissen sehen und seine Bitterkeit mag der Verderbnis in der Christenheit geschuldet sein, die bitteren Tadel verdiene. Er, Erasmus, habe jedoch immer vorgezogen, freimütig, aber maßvoll aufzutreten. Nur so ließen sich auch die Bischöfe und Monarchen gewinnen. *Das war immer mein Ziel,* erklärte er. Er habe den Basler reformatorisch Gesinnten geraten, sich an Kardinal Campeggio zu wenden. Der habe durchaus offene Ohren für ihre berechtigten Anliegen, und auch der Papst sei offener, als viele meinten. Aber die Reformatoren würden lieber durch *irgendwelche Machenschaften* ihre Sache vorantreiben und glaubten, dass die evangelische Lehre wiederhergestellt werde, wenn einige Mönche (von denen gewisse wohl besser hinter den Mauern aufgehoben wären) ihre Kutten auszögen und einige Priester sich Frauen suchten oder die Bilder aus einigen Kirchen hinausgeworfen würden. Ich, betonte Erasmus, wollte das Leben der Priester reformieren, ohne ihr Ansehen in den Dreck zu ziehen, und die Frommen von den Zeremonien befreien, ohne den Bösen einen Vorwand zu liefern, hemmungslos zu sündigen. *Ich wollte was sich lange durch Gewohnheit bei uns eingeschlichen hat nach und nach ohne allen Aufruhr reformieren, so dass alle die Freiheit des Evangeliums ergreifen können.* Luther bekämpfe alles, was ihn empöre, ohne Rücksicht auf Verluste. Was könnte verheerender für ungebildete Ohren oder junge Leute sein, als zu hören, der Papst sei der Antichrist, die Bischöfe seien Teufel und die Gesetze häretisch? *Was ist verderblicher als die gegenwärtige Zertrennung? An wie vielen Orte herrscht schon schrecklicher Aufruhr?* Lohnt sich das, nur um Kirchen ohne Bilder zu haben und den Messritus ein wenig zu ändern? Das fragte Erasmus im Dezember 1524 und befürchtete, es komme alles noch schlimmer.[189]

Erasmus wusste selbstverständlich, dass Luther, Zwingli und die Basler und Straßburger Reformatoren mehr wollten. In seinen Augen wollten sie zu viel, nämlich radikal eine dem Evangelium gemäße Gesellschaftsordnung durchsetzen. Das aber sei nicht möglich. *Wie auch immer Gott den Zustand der Welt verändern will, es wird immer Beklagenswertes bleiben. Das Widrige kann gelindert, aber nicht ganz beseitigt werden. Wie viele Flüsse auch ins Meer fließen und wie viele Regentropfen hineinfallen, es behält immer seinen eigentümlichen Geschmack. Ganz zu schweigen davon, dass die Medizin manchmal grausamer ist als die Krankheiten selbst.*[190] Gemeint sind mit der Medizin die Mittel, die die Reformatoren benutzen, um ihre Ziele durchzusetzen. – Mit anderen Worten, Erasmus erklärte, das Reich Gottes sei nicht von dieser Welt und lasse sich auf Erden nicht radikal verwirklichen. Darum heilige der Zweck die Mittel nicht. Menschen könnten sich Gottes Reich auf Erden nur annähern. Dafür habe er, Erasmus, auf seine moderate Weise gekämpft.

Obwohl er einleitend erklärt hatte, im Vertrauen darauf, dass Christus das menschliche Getümmel zum Besten kehren könne, wolle er sich *aus der Tragödie heraushalten*, gibt er doch noch einen Rat. Er wolle sich seiner *evangelischen Pflicht* nicht entziehen, aber nicht der Urheber eines *Tumultes* sein.[191] Sein Rat entlarvt denn auch seine ganze Ohnmacht. Platon habe, während er von seiner idealen Republik träumte, erkannt, dass die Masse ohne Lügen nicht regiert werden könne. So weit wolle er, Erasmus, nicht gehen: *Fern sei von Christen jede Lüge!* rief er aus, fuhr aber fort: *Dennoch ist es nicht förderlich, vor dem Volk die ganze Wahrheit auf jegliche Weise auszubreiten.*[192] – Ein fragwürdiger und völlig unrealistischer Rat im Zeitalter der Druckerpressen, die alles Mögliche, Wahrheiten oder Lügen, schnell in Umlauf brachten. Wie Luther nutzte auch Erasmus das neue Medium meisterhaft. Dass gerade er mit Platon davon träumte, politisch und sozial womöglich aufhetzende Wahrheiten unterdrücken zu können, zeigt, wie erschüttert und hilflos er war angesichts der immer radikaler werdenden Reformationsbewegung. Von seinen eigenen Reformbemühungen sprach er im Brief in der Vergangenheit. War ihm klar, dass sein moderates Vorgehen nicht, wie gewünscht, zum Ziele führte?

Bildersturm

Die Befürchtungen von Erasmus bestätigten sich. Im Thurgau, einer gemeinen Herrschaft der Eidgenossen südlich des Bodensees, hatte der Vogt in einem nächtlichen Überfall einen beliebten reformatorisch gesinnten Prediger verhaften lassen. Dessen Anhänger versuchten, ihn zu befreien. Als das nicht gelang, zogen sie in das nächste Kloster und hausten dort so, dass die reiche Kartause Ittingen niederbrannte. In Zürich und Basel hielten sich die Prediger nicht mehr an bischöfliche Vorgaben. Gegen ausdrückliches Verbot des Bischofs und in Basel auch der Universität disputierten sie öffentlich, und der städtische Rat, also ein Laiengremium, urteilte anschließend an Stelle des Bischofs oder des Universitätskollegiums als Richter über die strittigen dogmatischen Lehrfragen. In Zürich hatte daraufhin der Rat die Messfeier abgeschafft und die Klöster geschlossen. Ein obrigkeitliches Kirchenregiment hatte sich in Zürich durchgesetzt. Priester heirateten, die Fasten wurden überall gebrochen, und in Basel erschienen Bücher, die in ihrer Radikalität gegen die Kirche und mit ihrer symbolischen Sakramentslehre sogar Luther zu weit gingen. Die Fronten verhärteten sich immer mehr. Im März 1524 wurde der Zürcher Bilderstürmer Klaus Hottinger in Luzern enthauptet. Seit Ende Juni erhoben sich im Reich die Bauern. Im September kam es infolge des Ittingersturms zur Hinrichtung von bestens beleumdeten Anhängern der neuen Lehre. Es traf nicht Radaubrüder, sondern reformatorisch Gesinnte, die versucht hatten, die aufgebrachten Gemeindeglieder zu mäßigen. Das schürte neuen Unmut. Man befürchtete einen Krieg innerhalb der Eidgenossenschaft. In Basel begann Oekolampad, ein großer Verehrer von Erasmus und sein ehemaliger geschätzter Mitarbeiter an der Ausgabe des Neuen Testamentes, gegen Heiligen- und Bilderverehrung zu predigen. In Zürich hatte der Rat die Bilder schon aus Kirchen und von Plätzen entfernen lassen. Erasmus hat sich dazu in einem *Colloquium* geäußert – trotz seiner Vorbehalte wieder mit dem gewohnten Humor:

Da habe die Maria von Stein (in einer Wallfahrtskirche südwestlich von Basel) folgenden Brief an Glaukoplutus, ein ans

Griechische angelehnter Deckname für den Eulenreichen, gemeint ist Ulrych (Zwingli), geschrieben. In Marias Brief heißt es:

Dass Du als Lutheranhänger fleißig predigst, es sei überflüssig, die Heiligen anzurufen, damit – das sollst Du wissen – tust Du mir [...] einen großen Dienst. Denn früher haben mich die unverschämten Gebete der Menschen fast umgebracht. Von mir allein forderten sie alles, als wäre mein Sohn immer noch ein Kleinkind, das ganz von der Mutter abhängt, nur weil er so auf meinem Schoß abgebildet und gemalt wird. [...] Manchmal erbitten sie von mir, der Jungfrau, Sachen, die ich mich schäme niederzuschreiben. Ein ordentlicher junger Mann würde kaum wagen, sich damit an eine Kupplerin zu wenden. Derweil vertraut mir ein Kaufmann, der auf Geschäftsreise nach Spanien gehen will, die Enthaltsamkeit seiner Mätresse an. [...] Ein Soldat, ruchlos und zum Töten gedungen, schreit zu mir: «Heilige Jungfrau, gib mir reiche Beute!» Ein Spieler ruft: «Begünstige mich, Göttliche! Einen Teil des Gewinns dediziere ich Dir.»

Dann gibt es da noch unzählige andere Bitten, die zwar nicht gottlos, aber einfältig sind, Bitten um einen schönen Mann, um eine leichte Geburt, um ein sorgloses Alter etc.

So soll ich, ein Weib, ja eine Jungfrau, mich allein abmühen mit Matrosen, Landsknechten, Kaufleuten, Spielern, Heiratenden, Gebärenden, Beamten, Königen und Bauern. [...] Mit solchen Aufträgen werde ich jetzt viel weniger belästigt, und dafür wollte ich Dir bestens danken, wenn nicht diese Annehmlichkeit eine viel größere Unannehmlichkeit nach sich zöge. Sicher, ich habe jetzt mehr Freizeit, aber weniger Ehre bedeutet auch weniger Einkünfte. Früher grüßte man mich: «Himmelskönigin, Herrin der Welt!» Jetzt höre ich kaum einmal von Wenigen: «Ave Maria». [...] Aber das könnte ich ertragen, wenn es nicht hieße, Du habest noch Schlimmeres vor. Man behauptet, Du seiest darauf aus, auch den letzten Heiligen aus den Kirchen hinauszuwerfen. Bedenke gut, was Du vorhast! Es fehlt meinen Kollegen nicht an Mitteln, womit sie sich für Unrecht rächen könnten. Der hinausgeworfene Petrus kann Dir sogleich die Himmelstür verschließen. Paulus trägt ein Schwert, Bartholomäus ist mit einem Schlachtmesser bewaffnet. [...] Und wie willst Du Dich gegen Georg wehren, den gepanzerten Ritter mit Lanze und einem gewaltigen Schwert? [...] Mich jedenfalls, die ich zwar unbewaffnet bin, wirst Du dennoch nicht hinauswerfen, es sei denn, Du wirfst zugleich meinen Sohn hinaus, den ich in meinen Armen halte.[193]

Gutachten zu den Neuerungen

Nicht alle sahen es so humorvoll. Der Rat von Basel kam zunehmend in Bedrängnis. Die verbündeten Eidgenossen verlangten von den Baslern eine Stellungnahme zu den Vorgängen in Zürich. Da erbaten sich die Ratsherren von Erasmus ein Gutachten.[194] Er wollte absagen, aber er konnte sich als Gast der Stadt der ehrenvollen Anfrage nicht verschließen. Er machte geltend, er habe auch dem Kaiser, dessen Rat er sei, mit guten Gründen eine Stellungnahme verweigert. Griffe er, der überaus friedliebende Gelehrte, in diesen Streit, der ganz Europa entzweie, ein, könnte er nur neue Zwietracht und Aufruhr säen und sich selbst schaden. Denn in einer so heiklen Angelegenheit könne man es keiner Seite recht machen. Aber er gab dann doch Ratschläge, Ratschläge in Fragen, für die der Rat als Ordnungsmacht zuständig war. Er beschränkte sich auf drei Themen, den Buchdruck, die Fastengebote und die Gelübde von Priestern und Mönchen – Probleme, die nicht nur den Rat, sondern auch ihn selbst betrafen: Er selbst hatte sich kürzlich an den Rat gewandt mit der Bitte, ein ihn persönlich beleidigendes Buch des streitbaren späteren Welschschweizer Reformators Guillaume Farel verbieten zu lassen. Die Fastenbrecher hatten sich auf ihn berufen, und er lebte als ehemaliger Mönch statt in der Klausur als freier Weltkleriker in Basel.

Zur Zensur empfahl er, sie nur auf beleidigende, persönlichkeitsverletzende und aufrührerische Schriften anzuwenden. Ausdrücklich riet er davon ab, alle Lutherschriften zu verbieten, denn dann müssten entsprechend auch Schriften etwa des angesehenen Basler Universitätsprofessors und Pfarrers an St. Martin, Johannes Oekolampad, verboten werden. Dabei würde dann *viel Nützliches verloren gehen*, so etwa die Stellungnahmen zu den zahlreichen Zeremonien. Da hätten beide Seiten Wertvolles beizutragen. Denn allzu sehr auf menschliche Vorschriften zu vertrauen, sei ebenso schädlich und falsch, wie überkommene Sitten und Gebräuche ganz und gar zu verachten. Ohne traditionell anerkannte Sittennormen und Riten könne die Ruhe im Staate nicht bewahrt werden. Erasmus schlug den Ratsherren vor, Zürich zu bewegen, die alte Messform wieder einzuführen, es aber nicht mit der verbündeten Stadt auf einen Krieg ankommen zu lassen. Das entsprach den Instruktionen, die Basel seinen Abgeordneten an die Tagsatzung vom 9. Januar 1525 mitgab. Die Eucharistiefeier betreffend sollten sich die Ratsherren an den Papst wenden. Die Reformatoren forderten mit Nachdruck das Abendmahl ‹in beiderlei Gestalt› mit Brot und Wein. Hatte doch Christus, als er vor seiner Passion das Abendmahl einsetzte, vom Brot gesagt, das ist mein Leib, und vom Wein, das ist mein Blut, und die Jünger aufgefordert, beides zu seinem Gedächtnis zu essen und zu trinken. Im Mittelalter aber hatte eine wachsende Scheu davor, den konsekrierten Wein zu verschütten, zum Brauch geführt, den Wein in der Messfeier den Priestern vorzubehalten und den Kommunikanten nur die Hostien zu reichen. Schon die Hussiten hatten erfolgreich den Laienkelch gefordert. Nun schlossen sich die Reformatoren ihnen an. Erasmus glaubte, darüber könne man sich mit Rom leicht einigen. Fleischverkauf und Fleischessen in Fastenzeiten zu bestrafen, davon riet Erasmus entschieden ab. Im Übrigen käme in Italien kein Mensch auf die Idee, Fastenbrüchen nachzugehen. Solange niemand mit seinem Tun die öffentliche Ruhe störe, solle man ihn seinem Gewissen überlassen und auch in der Fastenfrage vom Papst neue Richtlinien erbitten. Wer unsicher und ängstlich sei, könne beim zuständigen Bischof eine Dispens einholen. Auch für die Aufhebung des Keuschheitsgebotes für Priester empfahl Erasmus einen Konzilsbeschluss oder ein päpstliches Dekret zu erwirken. Das Zölibat für alle Geistlichen sei nicht sinnvoll, es fördere nur wilden Beischlaf. Wer ein guter Pfarrer sei, aber nicht keusch leben könne, solle heiraten. Aber Klöster aufzuheben, weil die Gelübde für viele nicht haltbar oder in der Bibel so nicht vorgeschrieben seien, gehe nicht an. Es gebe viele Menschen, welchen die klösterliche Disziplin gut tue und die in der Klausur besser aufgehoben seien als in der Welt.

Zusammenfassend lautete der Ratschlag von Erasmus: Grundsätzlich solle die Obrigkeit moderat bleiben, jeden Impuls zum Aufruhr aber unterdrücken und abwarten, bis die Sache selbst offenbare, ob die neue Lehre von Gott komme oder nicht.[195]

Immer enger verknüpften sich auch in Basel soziale und religiöse Reformforderungen. Der Rat griff in die geistliche Gerichtsbarkeit ein und unterstellte die Geistlichen dem Bürgerrecht. So erhielt er Zugriff auf die kirchlichen Güter. Am 3. Mai 1525 zogen Bauern aus der Landschaft vor die Stadt und forderten, sich auf die evangelische Freiheit berufend, die Abschaffung der Grund- und Leibherrschaft. Angehörige der Handwerkszünfte solidarisierten sich mit ihnen. Der Rat konnte nur mit Mühe einen Aufruhr verhindern. Die Radikalen ließen sich kaum mehr beschwichtigen.[196]

Der Abendmahlsstreit

Inzwischen hielt ein anderer Streit Erasmus in Atem. Andreas Karlstadt, der ehemalige Mitkämpfer Luthers, hatte, nachdem er sich mit Luther entzweit hatte und aus Kursachsen vertrieben worden war, in Basel eine Abendmahlsschrift herausgegeben. Darin wandte er sich gegen die Transsubstantiationslehre, die Lehre von der Wandlung der Substanz von Brot und Wein in Fleisch und Blut Christi in der Messfeier. Es ging im Abendmahlsstreit immer nur um die Substanz. Die kirchliche Lehre bestritt nicht, dass die Akzidenzien, die äußeren Merkmale, sich nicht wandelten. Die würden darum immer noch als Brot und Wein wahrgenommen, gleichwohl esse der Kommunikant substanziell den Leib Christi. Das bestritt nun Karlstadt. Auch die Substanz ändere sich nicht. Brot und Wein sind ihm nur Zeichen für die geistliche Gegenwart Christi.[197] Die Schrift war in Basel erschienen, und wenig später folgten Schriften von Zwingli und Oekolampad, die gleichfalls die Gegenwart Christi im Abendmahl nur symbolisch verstanden wissen wollten. Das war, anders als die Willensfrage, kein Problem, das nur Gelehrte bewegte. Es war eine Frage, die alle Christen betraf. Jeder erwachsene Christ war verpflichtet, jedenfalls einmal im Jahr die Hostie zu empfangen, und jeder machte sich seine Gedanken dazu. Die Kirche hatte die Transsubstantiationslehre auf dem Laterankonzil von 1215 als orthodox festgeschrieben. Entsprechendes Aufsehen erregten die Schriften, welche die Wandlung bestritten. Der Rat von Basel erbat auch in dieser Frage ein Gutachten vom berühmtesten Theologen in seiner Stadt. Die wenigen Sätze daraus, die erhalten sind, zeigen Erasmus, wie er leibt und lebt: *Ehrenwerte Herren, auf Wunsch Eurer Herrlichkeit habe ich das Buch von Johannes Oekolampad über die Einsetzungsworte gelesen. Nach meiner Meinung ist es gelehrt, klar und ausgefeilt. Ich füge hinzu auch fromm, wenn etwas fromm sein könnte, was der Verkündigung und dem Konsens der Kirche entgegensteht, wovon abzuweichen ich für sehr gefährlich halte.*[198] Das war im Oktober 1525.

Wenig später wurde Erasmus selbst in den Abendmahlsstreit hineingezogen. Zunächst behauptete nur einer seiner besten Freunde und Verehrer, der Guardian im Basler Franziskanerkloster Konrad Pellikan, gegenüber einem jüngeren Bewunderer des großen Humanisten, dem aus vornehmem polnischen Geschlecht stammenden späteren Reformator Johannes a Lasco, Erasmus lehre über die Eucharistie gleich wie Zwingli und Oekolampad. Erasmus war aufs Höchste alarmiert. Denn er hatte in seinen *Paraphrasen* tatsächlich auf ein symbolisches Verständnis der Eucharistie gedrungen. In seiner *Johannesparaphrase* etwa umschrieb er die Jesusworte zum Abendmahl nach Joh 6 so: *Ich werde euch als Symbol dieser geheimnisvollen Gemeinschaft mein Fleisch und Blut überlassen, das an sich zu essen nichts nützen wird, es sei denn, es werde geistlich gegessen.*[199] Entsprechend hatte er auch sonst ausgelegt. In der *Matthäusparaphrase* nannte er die Abendmahlsfeier ein *Symbol des Todes Christi, damit unter den Jüngern immer wieder die andauernde Erinnerung an Christi unermessliche Liebe erneuert werde.*[200] Zu I Kor 11,25-26 schrieb er: *Christus wollte, dass dieses Mahl eine Erinnerung an seinen Tod und ein Symbol des ewigen Bundes sein soll.*[201] Aber er war im Gegensatz zu Zwingli und Oekolampad vorsichtig genug, in seinen Schriften nie ausdrücklich die Lehre von der Wandlung der Elemente Brot und Wein in der Abendmahlsfeier zu bestreiten. Hätte er das getan, hätte er sich nicht nur in Rom, sondern auch an den nicht der neuen Lehre zugetanen Universitäten, beim Kaiser und bei allen beim alten Glauben bleibenden Fürsten vollends unmöglich gemacht. War er doch sowieso schon, auch ohne diesen gefährlichen Vorwurf, *in einen Kampf mit der ganzen Theologenbande* verstrickt, wie er aufgebracht an Pellikan schrieb, der ihn nun mit seiner Äußerung in den Abendmahlsstreit hineinzog.[202] In Frankreich war einer seiner Verehrer als Häretiker eingekerkert, weil er zwei Werke von Erasmus übersetzt hatte. Die Pariser Universität war gerade dabei, eine ganze Liste von Anklagepunkten aus seinen Schriften zusammenzustellen, und in Rom und Spanien drohten gleichfalls Verurteilungen.[203] Erasmus stellte Pellikan sofort mündlich und in Briefen zur Rede und bewog ihn schließlich zum Widerruf. Erasmus gab – unvorsichtigerweise – den Briefwechsel mit Pellikan anderen zum Lesen. Zu seinem großen Ärger gelangte er so in die Druckpresse, und der Streit wurde damit öffentlich. Gleich darauf erschien eine anonyme Schrift, die behauptete, die Briefe, in denen Erasmus sich gegenüber Pellikan davor verwahrte, von der kirchlichen Lehre abzuweichen, müssten gefälscht sein, sie könnten nicht von Erasmus stammen. Jeder wisse ja, was der veröffentlicht habe. Zwingli war der Autor. Inzwischen verließ Pellikan sein Kloster und zog als Lehrer für Altes Testament an die neu gegründete *Schola Tigurina* ins reformierte Zürich. Wenig später, im Frühjahr 1526, wurde in Zürich nochmals eine anonyme Schrift zum Thema gedruckt. Erasmus glaubte, sein ehemaliger enger Freund Pellikan habe sie geschrieben. Tatsächlich stammte sie vom eifrigen Erasmusübersetzer Leo Jud, der jetzt in Zürich als Pfarrer amtete. Er behauptete, Zwingli und Oekolampad stimmten in ihrer Lehre vom Abendmahl mit Erasmus und Luther überein. Anders als bei Luther hatte er im Fall von Erasmus gute Argumente für diese Behauptung. Erasmus war tief gekränkt über den vermeintlichen Verrat von Pellikan. Jetzt sagte er sich definitiv von der Reformation und seinen ehemaligen nahen Freunden los. Dass Leo Jud sich zu erkennen gab, konnte ihn nicht mehr umstimmen. Er wollte nichts mehr mit den Reformatoren zu tun haben, sie hatten ihn zu schwer enttäuscht.[204]

Aber in Basel fühlte er sich weiter wohl. Die Rheinstadt hatte sich bis anhin nicht für die Reformation entschieden. Es blieb vorerst bei der mittleren Linie, wie Erasmus sie empfohlen hatte. Der Rat ließ verschiedene Gottesdienstformen zu und schrieb nur die Heilige Schrift als Predigtgrundlage vor. Priester konnten heiraten, die Klöster wurden dem Rat weitgehend unterstellt, aber nicht aufgehoben. Auch die Fasten wurden nicht abgeschafft, aber wer nicht fastete, blieb von nun an unbehelligt. Der Basler Rat unterschied sich damit grundsätzlich von anderen Obrigkeiten. Die Tagsatzung hatte im März 1524 beschlossen, Fastenbruch mit Gefängnis und Geldbuße zu ahnden. Der Landvogt im Thurgau hatte daraufhin im Februar 1524 drei Fastenbrecher gefangengesetzt, der Zürcher Rat dagegen setzte sich für ihre Freilassung ein. Die Zürcher ermunterten nicht nur zum Fastenbrechen, sie verpönten jedes Fasten als unevangelisch. 1529 schloss der Zürcher Rat gar aus seiner Mitte Ratskollegen aus, weil sie am Neujahrstag, einem Freitag und damit nach alter Lehre ein Fasttag, Fisch gegessen hatten.[205] Der Basler Rat aber erließ 1527 und 1528 Mandate, die, wie Erasmus empfohlen hatte, forderten: *Darzu soll ein jeder seines gloubens frey, niemans getrungen noch gezwungen, mesz oder nit, dyse oder ghinnige predig ze hörenn, sunder soll das eins jeden conscientz* [Gewissen] *heimgestelt sin* [...].[206]

Streitgespräche zwischen den Bürgern über die brennenden religiösen Fragen in Basel dürften jedoch selten so freundschaftlich ausgegangen sein wie in einem *Colloquium* von Erasmus aus dem Jahre 1524. In dem *Colloquium* fürchtet sich der altgläubige Aulus davor, sich vom reformatorisch gesinnten Barbatius einladen zu lassen, obwohl der ihn schon fast von seiner Rechtgläubigkeit überzeugt hat. Hat er doch in ihrem langen Gespräch seinen gut apostolischen Glauben bekannt. Nun versucht Barbatius Aulus seine Angst auszureden:

Aulus [der Romtreue]: *Ich fürchte mich aber davor, als jemand zu erscheinen, der Häretiker begünstigt.*

Barbatius [der Anhänger der Reformation]: *Aber es ist nichts frömmer, als Irrgläubige zu begünstigen.*

A.: *Wieso?*
B.: [...] *Begünstigt man nicht jemanden, wenn man sich bemüht, ihn, dem es schlecht geht, wieder zurecht zu bringen und ihn, den Toten, lebendig zu machen?*
A.: *Natürlich.*
B.: *Also los, begünstige mich so, und deine Angst löst sich in nichts auf.*
A.: *Noch nie hörte ich einen Kranken angemessener antworten. Also los, nimm mich mit zum Essen!*
B.: *Ich werde dich wie einen Arzt empfangen, so wie es sich für einen Kranken gehört. Wir wollen unser Körperchen so ernähren, dass der Geist gut diskutieren kann.*
A.: *Das soll unter günstigen Vogelzeichen geschehen!*
B.: *Wohl eher mit schlechten Fischen, du hast wohl vergessen, dass heute Freitag ist.*
A.: *Das geht über unser Glaubensbekenntnis hinaus.*[207]

Am Ende tauschen die beiden gar die Rollen. Der Reformationsanhänger nimmt Rücksicht auf den Fasttag, und der Papsttreue erklärt großzügig, dass das keine Frage des Glaubensbekenntnisses sei. Erasmus konnte sich also im Gegensatz zu vielen seiner Zeitgenossen ein gut nachbarschaftliches Zusammenleben der verschiedenen, sich gegenseitig verdammenden Glaubensparteien vorstellen. Er mahnte darüber hinaus auch einen freundschaftlichen Umgang mit Nichtchristen an.[208]

Umgang mit Juden und Muslimen

1527 übersetzte Erasmus für ein breiteres Publikum kleinere Schriften des Kirchenvaters Chrysostomos vom Griechischen ins Lateinische, darunter fünf von dessen *Acht Reden gegen die Juden.* Er widmete sie dem portugiesischen König Johannes III. Lange war Portugal ein Hort einer relativen Duldung gewesen. Viele Juden waren aus Spanien dorthin geflohen. Auf Druck von Mönchsorden und der Spanischen Krone waren in den letzten zwei Dezennien aber die relativ judenfreundlichen portugiesischen Gesetze zunehmend eingeschränkt worden. Ob Erasmus das wusste, ist unklar, sicherlich jedoch hat er bemerkt, wie sich die ohnehin sehr schwierige Lage der Juden auch im Reich verschlimmerte. Angesichts dieser Umstände behandelte er in seinem Widmungsschreiben den Umgang mit ihnen. Die Grundlage für das Zusammenleben müsse die Gewissheit des Apostels Paulus sein, dass *ganz Israel selig werde* (Röm 11,26). *In dieser Hoffnung werden sie* [die Juden] *von uns beschützt*. Gott habe sein auserwähltes Volk keineswegs verstoßen, sondern durch dessen Fall die ehemaligen Heiden gerettet. Am Ende werde er ihnen und uns Barmherzigkeit erweisen. Es gelte nun für christianisierte Heiden, die Juden zum Christentum anzureizen und so zu ihrer Erlösung beizutragen. Die Christen also sollten sie und – wie Erasmus in der Widmung an den König der frühen Kolonialmacht ebenfalls anmahnte – auch die anderen *halben Christen*, die Türken, Muslime und Sarazenen, so freundlich und einladend behandeln, dass sie sich dem Evangelium ganz zuwenden.[209]

Eine solche Sichtweise war im 16. Jahrhundert durchaus nicht verbreitet, und auch Chrysostomos hatte sie nicht verfochten. Er hatte sich die Aufgabe gestellt, Argumente zu liefern gegen die sich häufenden Übertritte von Christen zu Judengemeinden in Antiochien. Dabei hatte er nicht auf verletzende Polemik verzichtet. Obwohl Erasmus die drei ersten, besonders judenfeindlichen Reden nicht übersetzte, finden sich immer noch zu viele verletzende Beleidigungen in den fünf anderen Reden. Dagegen und gegen die judenfeindliche Tradition und den Zeitgeist setzt die Widmung von Erasmus einen anderen Akzent. Seit der Antike waren die Juden immer wieder ausgegrenzt und verfolgt worden. Am Ende des Mittelalters setzte erneut eine anhaltende verheerende Judenhetze in Europa ein. Aus Ländern und Städten wurden sie vertrieben, so auch aus Basel. Genauso verteufelte Europa den Islam. Seit 1502 sahen sich seit Jahrhunderten in Spanien ansässige Muslime gezwungen, zum Christentum zu konvertieren oder auszuwandern. Nachdem die Türken 1526 Ungarn eingenommen hatten und das Reich mehr und mehr bedrohten, vertiefte sich der Hass gegen sie und ihre Religion. Die meisten Denker des 16. Jahrhunderts steigerten noch das stolze Überlegenheitsgefühl und die verhängnisvolle Intoleranz gegenüber Nichtchristen und insbesondere gegenüber Juden, die bereits nach der konstantinischen Wende überhandnahmen und die auch schon die Reden von Chrysostomos durchziehen.

In den Anfangsjahren der Reformation gab es auch bei Luther durchaus einen anderen, verheißungsvollen Ansatz zum Umgang mit Andersgläubigen. In seiner Römerbriefvorlesung von 1515/16 hatte der Reformator eine Judenmission gefordert und wie Erasmus auf die paulinischen Verse, nach denen auch Israel begnadigt wird, zurückgegriffen, wenn er auch Pauli Worte dunkel fand.[210] 1523 betonte er, dass Christus ein geborener Jude sei, und rief zu einem milden Umgang und zur Judenmission auf: *Will man yhn helffen, so mus man nicht des Bapsts, sonder Christlicher liebe gesetz an yhn uben und sie freuntlich annehmen, mit lassen werben und erbeytten, da mit sie ursach und raum gewynnen, bey und umb uns tzu seyn, unser Christlich lere und leben tzu horen und sehen. Ob ettliche hallstarrig sind, was ligt dran? sind wyr doch auch nicht alle gutte Christen.* Mit Erasmus beklagte er, dass man die Juden wie Hunde und nicht wie Menschen behandle.[211] Luther glaubte, der jüngste Tag stehe bevor, er lebe bereits in der Endzeit, für die Paulus die Bekehrung der Juden angesagt hatte. Jetzt, da das Wort Gottes lauter gepredigt werde, würden die Juden sich zu Christus bekehren, davon war er fest überzeugt. Damit hatte Luther durchaus eine gewisse Resonanz, auch jüdische Gelehrte wurden darauf aufmerksam. Indessen bekehrten sich die Juden nicht zum Christentum, sondern blieben nach Luthers Wortwahl *verstockt*.[212] Luther und viele seiner Anhänger sahen in ihnen daraufhin – genauso wie im Papsttum und in den Türken – Werkzeuge des Antichristen, der sich vor dem bevorstehenden Weltenende gegen Gottes Reich aufbäumte. Das freundliche Entgegenkommen schlug in den alten Hass um.[213] Luther ließ sich bereits seit 1526 zur bekannten, von den Nationalsozialisten später missbrauchten, unflätigsten Polemik und zu Verleumdungen gegenüber den zeitgenössischen Juden hinreißen.[214] Er warnte 1543 alle Christen vor einem Umgang mit ihnen und forderte ihre Ausweisung aus christlichen Ländern, womit er unseligerweise zwar längst nicht bei allen, aber doch bei einigen protestantischen Obrigkeiten Gehör fand.[215] Der Bibelausleger behauptete 1543 gar gegen den eindeutigen Wortlaut des Apostelbriefes, Paulus habe durchaus nicht gemeint, dass

Israel am Ende errettet werde. Er erklärte: *Denn das etliche aus der Epistel zun Roemern am xj. Ca. solchen wahn schepffen, als solten alle Jueden bekeret werden am ende der Welt, Jst nichts, Sanct Paulus meinet gar viel ein anders.* Israel war für Luther nicht mehr *Gottes volck.*[216] Der spätere enttäuschte Reformator stand mit seiner Judenverachtung im mehrheitlich judenfeindlichen 16. Jahrhundert auch bei der gelehrten Elite durchaus nicht allein. Die Schrift *Ains Judenbüechlins Verlegung* seines großen Gegners Johannes Eck von 1541 war keineswegs zurückhaltender. Sie richtete sich gegen ein anonym veröffentlichtes Werk vom Lutheraner Andreas Osiander. Der hatte in erasmischem Geist und weit über ihn hinausgehend die Juden nachdrücklich gegen üble Verleumdungen in Schutz genommen.[217] Aber nicht nur in der Polemik gegen Osiander, sondern auch in Predigten verzichtete Eck nicht auf infame, gegen das Judentum hetzende Bemerkungen.[218]

Dagegen fasste Erasmus in seinem *Compendium vitae*, seiner kleinen Autobiographie von 1523/24, gar eine Freundschaft mit Juden ins Auge. Er verglich seine damals grundsätzlich gleichbleibende freundschaftliche Gesinnung zu Lutheranhängern wie Luthergegnern mit einer möglichen zu einem Juden. Er erklärte: *Ich verweigerte niemandem die Freundschaft, ob er nun Luther näher oder ferner stand. Ich bin so geartet, dass ich auch einen Juden lieben könnte, sofern er nur ein umgänglicher Genosse und Freund wäre, und vor mir keine Blasphemien gegenüber Christus ausstieße. Ich glaube, dass ein solch höflicher Umgang äußerst nützlich wäre, um Zwiespalt zu beenden.*[219] Ob Erasmus das selbst je in die Praxis umgesetzt hat, ist fraglich. Es ist nur eine Freundschaft mit einem getauften Juden belegt. Sicher ist indes, dass auch Erasmus ein Kind seiner Zeit blieb. Zahlreiche mehr oder weniger judenverächtliche Äußerungen sind von ihm überliefert, so auch die von Historikern verschiedentlich zitierte Charakterisierung des blühenden Frankreich von 1516: Frankreich sei *nicht von Häretikern angesteckt und weder von böhmischen Schismatikern noch von Juden, halbjüdischen Maranen oder von der Nachbarschaft der Türken angehaucht.*[220] – Es ist eben eines, eine Sache in der Theorie zu vertreten, und ein anderes, sich auch tatsächlich danach zu verhalten und eingefleischte Denkmuster und Rede-

Was sehe ich? ... Juden? Muslime?
Natürlich! ... Wieso? Stört es dich?

weisen abzulegen. Die abfälligen Bemerkungen sind indessen auch richtig einzuordnen. 1519 beschrieb Erasmus die 1516 mitgenannten *böhmischen Schismatiker* sehr positiv.[221]

Das Besondere ist nicht, dass Erasmus bereits der jüdischen Religion und Kultur einen hohen Respekt gezollt hätte – für ihn waren und blieben die Anhänger des jüdischen Kultus nicht mehr, aber – anders als für die meisten seiner Zeitgenossen – auch nicht weniger als *halbe Christen*. Er warf ihnen Zeremonienwesen und gesetzliche Werkheiligkeit vor. Immer wieder warnte er – wie Chrysostomos in seinen hoch polemischen *Reden gegen die Juden* und wie Luther in seinen frühen und späteren Äußerungen über die Juden – vor einem *Judaisieren* in der christlichen Kirche, womit er eine veräußerlichte, rituelle und gesetzliche Frömmigkeit kritisierte. Er lehnte aber die unselige, seit dem vierten Jahrhundert vom Kirchenvater Eusebius aufgestellte Lehre von einem Abfall der Juden vom ewigen wahren Glauben ab, die bis über die Aufklärung hinaus weit verbreitet blieb und die auch Luther übernahm.[222] Eusebius hatte gelehrt, die Erzväter, Mose und die Propheten hätten bereits an Christus geglaubt. Aber das jüdische Volk sei immer wieder vom wahren Glauben abgefallen. Darum erlitten die Juden für ihre *Verbrechen an Christus* mit Leid und Vernichtung eine gerechte Strafe.[223] Die Juden, so die damals gängige Folgerung, seien die Erben der Verfluchung, die Christen aber die Erben von Gottes Verheißungen.

Für Erasmus dagegen stand das auserwählte jüdische Volk in einer langen Heilsgeschichte mit Gott: Die Frömmigkeit der Juden des Alten Testamentes war die damals gottgewirkte Frömmigkeit ihrer Zeit. Die Botschaft von Mose und den Propheten war eine sicherere und solidere Botschaft als die aller nichtjüdischen Philosophen und Gesetzgeber, aber sie richtete sich nur an ein einziges Volk und war *nach dem Verständnis ihrer Zeit* durch *Figuren und Schatten verhüllt*. Sie führte noch nicht zur wahren Seligkeit. Die brachte erst Christus.[224] Erst Christi Botschaft richtete sich an alle Menschen und Völker der Erde. Seine gute Botschaft wurde zunächst außerhalb Israels angenommen. Die Juden aber verschlossen sich dem christlichen Glauben. Am Ende der Heilsgeschichte aber wird die Bekehrung Israels zu Christus stehen, erklärte Erasmus in seiner Widmung an Johannes III. Diese Sicht erlaubte Erasmus nicht, die jüdische Religion als gleichberechtigt neben das Christentum zu stellen, aber sie rief dazu auf, in allen Menschen Brüder und Schwestern zu sehen, die ihr Schöpfer retten will. Das sollte sich auch auf das Zusammenleben auswirken. Genau darin ist das Besondere an Erasmus' Mahnung zum Umgang mit Juden zu sehen. Er konnte sich ein freundlich nachbarschaftliches Zusammenleben mit Andersgläubigen, Juden oder Muslimen, vorstellen und wünschte es sich. Denn er sah in jedem Gegenüber, ob andersgläubig oder nicht, zuerst den Menschen. 1530 klagte er, das Volk *nennt die Türken Hunde und Feinde des Namens Christi und bedenkt nicht, dass diese zuerst Menschen sind*. Alle Menschen, auch Andersgläubige, sollen als Menschen respektiert und menschlich freundschaftlich behandelt werden. Das gelte insbesondere auch für die Bewohner des neu entdeckten Kontinentes Amerika. Empört klagte Erasmus die Europäer an, die sich Christen nennen und die Bevölkerung Amerikas aussaugen und misshandeln, statt den Ureinwohnern helfend und fördernd zu begegnen. Er entlarvte das herrschende Überlegenheitsgefühl der Europäer gegenüber den damals sogenannten Wilden als völlig unangebracht, indem er die Eroberer aus der Sicht der Indianer beschrieb: *Es ist nicht schwer sich vorzustellen, was die Menschen von uns denken, die bis vor Kurzem uns unbekannt waren und deren Länder und Reichtümer wir jetzt militärisch erobern. Wir tun das nicht so, als ob wir sie für Christus gewinnen wollten. Denn dann müssten wir anders vorgehen. Wir weiten nur unsere eigene Macht und Tyrannei aus und vermehren unseren Reichtum, den wir sogar über Gott stellen. Diese Menschen haben allzu viel Gier, Laster und Grausamkeit im Auftreten derer gesehen, die sich zum Kreuz Christi bekennen. So erscheinen wir, die wir sie wie wilde Tiere behandeln statt wie Menschen, verglichen mit ihnen als wilde Tiere und nicht als Menschen, geschweige denn als Christen.*[225] Vollends unverständlich war für Erasmus ein verächtlicher Umgang mit Menschen, die wie Juden und Muslime schon *halbe Christen* seien, oder mit Menschen, die, wie Erasmus andernorts betonte, als Nichtchristen wie Christen handelten.[226]

Die Basler Jahre waren fruchtbare Jahre: Neben den schon genannten Werken verfasste Erasmus eine Reihe erbaulicher Schriften, so einen *Trostbrief*, eine *Marienliturgie*, ein Buch *Über das Beten* und eines *Über die Beichte*, ein *Ehe-* und ein *Witwenbuch* und ein *Buch für Nonnen*. Dazu vermehrte er die *Adagia* und die *Colloquien*. 1522 und 1527 erweiterte er seine *Anmerkungen zum Neuen Testament* beträchtlich; 1526 erschienen die Werke des Kirchenvaters Irenäus und 1527 die des Ambrosius sowie *Lucubrationes* des Athanasius. 1529 war die Athanasius-Gesamtausgabe fertig. Hinzu kamen Editionen von Werken antiker Klassiker wie Cicero, Seneca, Plinius und Plutarch.

Theodizee

In den erbaulichen Schriften scheute Erasmus sich nicht, viel diskutierte heikle Probleme anzusprechen. Im *Trostbrief* von 1528 erörterte Erasmus das Problem der seit Gottfried Wilhelm Leibniz so genannten Theodizee: die Frage, wie sich Gottes Güte und Gerechtigkeit mit dem Bösen sowie dem Leiden und Elend in der Welt vereinbaren lasse. Dabei offenbart uns Erasmus viel über den Charakter seiner Frömmigkeit.

Das Problem spielte schon eine Rolle in der Auseinandersetzung mit Luther über die Willensfrage. Für Luther war es unausweichlich, dass Gott alles, eben auch Leid und Ungerechtigkeit, bewirke. Wer Gott absprechen wollte, dass er alles in allem und damit auch Grausames und Böses schaffe, der glaubte nach Luther an einen *lächerlichen* Gott. Denn ein solcher Gott konnte für ihn nicht allmächtig und erhaben sein. Und ein Gott, der das nicht war, konnte für ihn kein Gegenstand der Verehrung sein. Er räumte ein, der Gedanke, dass Gott auch das Böse bewirke, sei schwer zu ertragen: *Ich selbst habe mich mehr als einmal daran gestoßen bis in die Tiefe und den Abgrund der Verzweiflung, so dass ich wünschte, niemals als Mensch geschaffen zu sein, ehe ich erkannte, wie heilsam jene Verzweiflung ist und wie nahe der Gnade.*[227] Der Wittenberger Reformator gab zu, dass Gott sich in der Heiligen Schrift nicht als grausamer, sondern als liebender Gott offenbart habe. Darum führte er in seine Dogmatik einen *deus absconditus*, einen verborgenen Gott, ein, einen Gott des Zornes und Verderbens. Neben der in seinem Wort offenbarten Seite Gottes, der die Sünder vor der Verdammnis bewahren will,

Das letzte Wort,
das wir am Jüngsten
Gericht von Gott
hören werden, davon
bin ich überzeugt, ist:
"Wir alle vergeben
allen alles!"

Erasmus,
du nimmst
die Sünde nicht
ernst! Das wird
dir eines Tages
teuer zu stehen
kommen! Die
Hölle gibt es!
Für die Ungläubigen
und die
Zyniker!
Für Leute wie dich!

postulierte er eine in seinem Wesen dunkle, unbegreifliche Seite Gottes, der die Sünder zur Verdammnis vorherbestimmt.[228]

Für Erasmus war das undenkbar. Es könne doch niemand einen Gott lieben, der selbst das Böse schaffe und wolle und dann auch noch seine Geschöpfe dafür bestrafe, rief er empört aus.[229] Wer bekennt, dass Gott in seiner Allmacht alles bewirke, *nicht nur die guten Werke, sondern auch die schlechten*, der *scheint ganz offen Gott Grausamkeit und Ungerechtigkeit zuzuschreiben. Davor schaudern fromme Ohren entsetzt zurück. (Denn Gott wäre nicht Gott, wenn irgendetwas in ihm eines Fehlers oder einer Unvollkommenheit fähig wäre.)*[230] So Erasmus in seiner Willensschrift. Erasmus konnte die Erfahrung, die Luther in seinen *Anfechtungen* machte, nicht nachvollziehen. Diesen lehrten gerade die größte Verzweiflung und der *unbegreifliche Zorn* Gottes, sich ihm ganz anzuvertrauen. Denn aus der Verzweiflung heraus erfasste er, dass Gottes Sohn am Kreuz aus lauter Liebe zu den Menschen und an ihrer Stelle das Zorngericht Gottes auf sich genommen hatte. Es scheint, dass Erasmus nie von Anfechtungen, wie sie Luther immer wieder überfielen, heimgesucht wurde. Sein Glaube zog aus dem Leiden und Kreuz Christi die Gewissheit, dass Gott trotz allen Elendes, aller Not und aller Grausamkeiten in dieser Welt der liebende Gott ist, als den ihn Christus bezeugt hat. Denn das Kreuz war für ihn untrennbar verbunden mit der Auferstehung und der Herrlichkeit, in die Christus eingegangen ist und die alle Gläubigen erwartet. Das Kreuz Christi und die Herrlichkeit Christi, in die der Verherrlichte alle Menschen ziehen will, gehörten für Erasmus untrennbar zusammen. In seinem *Trostbrief* schrieb er:

Wenn die Leute sehen, wie gute Christen heimgesucht werden durch Krieg, Verlust des Eigentums, Exil, Folter und Tod, dann fragen Ungläubige: «Wo ist ihr Gott?» Wenn das doch wenigstens nicht auch unter Christen gehört würde! Aber es wiegt schwerer, so oft solche Stimmen in unseren Herzen aufbrechen, ja manchmal geradezu in Blasphemie ausarten, wenn wir in unseren Gedanken, überwunden von Trauer und Ekel, Gott erbarmungslos nennen, ungerecht, ungerührt von menschlichen Sorgen und den Bösen gütiger zugewandt als den Guten. Denn die erfreuen sich gewöhnlich größerer Erfolge als die Frommen. Wenn wir das tun, dann haben wir nicht verstanden, dass unser Herr durch Leiden und Schande zur Herrlichkeit einging. Wir vergessen, was Paulus an Timotheus schrieb: Alle, die fromm in Jesus Christus leben wollen, werden in dieser Zeit verfolgt werden. Wenn er nichts beigefügt hätte, dann hätte er uns womöglich am ewigem Leiden verzweifeln lassen, so aber weist er uns auf die Hoffnung, dass das Elend bald zu Ende ist und die Seligkeit folgt, indem er sagt: in dieser Zeit.[231]

Erasmus bedurfte all der Versuche nicht, die die griechische Philosophie, die Kirchenväter, die Reformatoren und moderne Theologen erarbeitet haben, um Gottes Gerechtigkeit (und damit für viele Denker auch die Möglichkeit seiner Existenz) angesichts des Leidens und des Bösen in dieser Welt zu retten. Er behauptete nicht wie der Kirchenvater Irenäus, dass es des Bösen bedürfte, damit Gott in Jesus Christus erlösend eingreifen könne. Er versuchte auch nicht, wie die mittelalterlichen Theologen in der Schule von Augustin, das Böse wegzudeuten als nichts als einen Mangel an Gutem. Für sie war das Böse nichtig und damit irrelevant, weil es an Gott als dem höchsten Gut keinen Anteil habe. Er versuchte auch nicht mit Zwingli, Gott vom Vorwurf der Ungerechtigkeit zu entlasten, weil Gott menschlichen Gesetzen und Beurteilungen nicht unterworfen sei. Genauso wenig wie wir Hunde verurteilten, wenn sie Promiskuität betrieben, erklärte Zwingli, genauso wenig sei Gott nach menschlichen Maßstäben der Gerechtigkeit zu beurteilen.[232] Ebenso wenig versuchte Erasmus wie später Leibniz, das Böse als notwendige Ergänzung zum Guten zu erklären, weil erst beide gemeinsam die Harmonie der besten aller Welten erklingen lassen könnten.

Angesichts des Leidens und Sterbens Christi, das Erasmus als Leiden Gottes selbst verstand, angesichts von Gottes Leiden also für und mit uns Menschen, das Gottes Liebe bezeugt, und im Vertrauen auf die ewige Seligkeit verstummten für Erasmus die bohrenden Fragen nach Gottes Gerechtigkeit, ja sie hatten gar keinen Platz mehr. Vielmehr leitete die Theodizeefrage ihn an, eigenes und fremdes Leiden im Glauben und an der Seite Christi tatkräftig und hilfsbereit zu überwinden.

Es war nicht von ungefähr, dass Luther Erasmus vorwarf, dieser lehre die von ihm genauso wie von der Römischen Kirche zurückgewiesene Allversöhnung und verachte das Gericht Gottes.[233] Zwar lehrte der Humanist nie offen eine Allversöhnung, aber er war nicht bereit, an dem Versprechen von Gottes Güte zu rütteln. Das Gericht diente ihm nur als dunkle Folie, und er erklärte es als ein Erziehungsmittel Gottes, das in den Dienst von Gottes Erbarmen mit den sündigen Menschen tritt.[234] Hatte Christus nicht am Kreuz selbst seinen Peinigern vergeben und für sie zu Gott gebetet: *Herr vergib ihnen, denn sie wissen nicht, was sie tun?* Ein Wort, das für Erasmus, wie für fast alle Ausleger, so auch Luther, darauf hinwies, dass Christen in Jesu Nachfolge selbst vergeben sollen. Aber dabei blieb Erasmus in seiner breiten *Paraphrase* dieses Verses nicht stehen. Er mahnte weiter, nicht wie Judas an Gottes Güte zu verzweifeln und den Strick zu nehmen, was immer auch die eigene Schuld sein möge. Er ließ seine Auslegung in einem Lobgesang auf eine alle Völker und Zeiten umspannende Vergebung gipfeln: *Schauen wir auf unseren Priester, der mit seinem wirksamen Opfer die Sünden der Völker der ganzen Erde auslöschte und die Strafe aller Zeiten wegnahm. Ergreifen wir mit aufrichtigem Glauben, was jener umsonst anbietet. Bekennen wir unsere Ungerechtigkeit und küssen wir seine unaussprechliche Güte gegen uns.*[235]

Eheverständnis

Ein anderes viel diskutiertes Problem betraf das Eheverständnis. Die Kirche hatte die Ehegerichtsbarkeit an sich ziehen können. Sie hatte durchgesetzt, dass das gegenseitige Eheversprechen als Eheschluss galt. So hatte sie im frühen Mittelalter die Macht der Familien über die Eheschließungen eingedämmt, aber ein neues Problem geschaffen: die sogenannten Klandestinehen oder geheimen Ehen. Da ein Eheversprechen nicht öffentlich war, war es leicht, es zu verheimlichen und Ehen an verschiedenen Orten zu schließen. Leicht war es auch, durch ein Eheversprechen eine Partnerin zum Beischlaf zu überreden. Durch den Beischlaf wurde die Ehe endgültig vollzogen und war dann unauflöslich. Gerichtsakten sind voll von Vaterschaftsklagen, in denen junge Frauen ein heimliches Eheversprechen geltend machten, ein Eheversprechen, das kaum nachzuweisen war. Die Klandestinehen waren eines der großen sozialen Probleme der Zeit.

Dazu kamen die Ehehindernisse. Die Kirche hatte das Tabu, nahe Verwandte zu heiraten, bis zu Verwandten siebten Grades ausgedehnt, das heißt, ein gemeinsamer Ururgroßelternteil bedeutete bereits ein Ehehindernis. Ehehindernisse galten nicht nur in der direkten blutsverwandten Linie, auch die Schwiegerfamilie galt als Verwandtschaft. Dazu kam die geistliche Verwandtschaft, beispielsweise durch gemeinsame Patenschaften. Für Gutbetuchte war es relativ einfach, einen Dispens zu kaufen, arme Vettern und Kusinen aber mussten je nachdem lange sparen, um heiraten zu können, oder zogen es vor, in wilder Ehe zu leben.

Weiter hatte die Kirche eine Sakramentslehre entwickelt, welche die Unauflöslichkeit der Ehe als ein unbedingtes Charakteristikum forderte. Eine Scheidung mit der Möglichkeit, wieder zu heiraten, blieb ausgeschlossen. Eine einmal eingegangene Ehe konnte nur durch den Tod eines Ehepartners aufgelöst werden. Die mittelalterliche Ehegerichtsbarkeit, die in den Händen der Kirche lag, kannte nach einer rechtmäßig eingegangenen Ehe nur die Trennung von Tisch und Bett, die Ehegatten konnten getrennt leben, durften aber nicht wieder heiraten. Unglückliche Ehen und Promiskuität der getrennt Lebenden waren die Folge.

Dazu kam ein weiteres grundlegendes Problem: trotz der sakramentalen Begründung galt die Ehe in der kirchlichen Lehre als minderwertig gegenüber einem zölibatären Leben. Seit 1139 konnte die Kirche die Ehelosigkeit für Priester durchsetzen. Das liederliche Sexualleben von ‹zölibatären› Geistlichen wurde geradezu sprichwörtlich.

Zu all diesen Problemen hat sich Erasmus engagiert geäußert. Immer wieder kam er auf die in seinen Augen unseligen Klandestinehen zurück. Er sprach sich in seinem Ehebuch deutlich gegen im Geheimen geschlossene Ehen aus und für eine öffentliche Eheschließung mit dem Konsens der Eltern, aber nie gegen den Willen der Brautleute.

Zu Recht, schrieb er 1526, *missbilligt die Kirche Klandestinehen, aber sie sollte sie in diesen Zeiten so klar verdammen, dass irgendwelche geheimen Eheverträge als nicht geschlossen behandelt werden, wenn die Inhaber der elterlichen Gewalt nicht zustimmen.*

Ein beschworenes förmliches Gelöbnis von beiden Seiten sollte wie vor Zeiten vor dem Römischen Zensor [also öffentlich] *erfolgen. Ich glaube, dass es in den Heiligen Schriften kein Beispiel gibt, dass Kinder oder Mündel heimliche Ehen eingingen gegen den Willen derer, denen sie unterstellt waren.*

Was freilich für Erasmus nicht hieß, dass die Eltern das Recht hätten, frei über ihre Kinder zu bestimmen und sie zu einem zölibatären Leben zu zwingen oder mit einem ungeliebten Gatten zu verheiraten.

Weder Vormünder noch Eltern haben eine so große Autorität, dass sie Kinder oder Mündel gegen deren Willen mit einem Ehegatten zusammengeben dürften. Doch sollte die Nachlässigkeit in unserem schlecht beratenen Jahrhundert nicht so weit gehen, dass eine Ehe, immerhin ein kirchliches Sakrament, heimlich und geschwind unter dem Einfluss von Alkohol und Liebesbeschwörungen eingegangen wird, wenn während einer verliebten Umarmung nur gerade die richtigen drei Worte ausgesprochen werden. [...] *In früheren Tagen fragte der Richter: «Willst du bei vollem Bewusstsein deines Geistes den Gatten?» Aber von was für einem Bewusstsein sprichst du, wenn das Gemüt auf mehr als eine Weise umgaukelt wird?*[236]

Ehehindernisse

Ebenso engagiert kämpfte Erasmus für eine Einschränkung der Ehehindernisse. Wie er es tat, ist interessant. Die Reformatoren, die ebenfalls die Ehehindernisse einzuschränken empfahlen, argumentierten mit Bibelzitaten und beriefen sich auf das ‹göttliche Gesetz›.[237] Die Ehe sei nach den alttestamentlichen Vorgaben in Lev 18 nur bis zum vierten Verwandtschaftsgrad tabuisiert, darum kämen weitere Ehehindernisse nicht in Frage. Aber an diese Vorschrift hätten sich Christen zu halten, denn sie entspräche dem ‹göttlichen Gesetz›. Unter das ‹göttliche Gesetz› fielen seit Augustin alle Gesetze, die nach neutestamentlichem Zeugnis auf Christus und die Apostel zurückgehen, sowie die dem anerkannten Naturrecht entsprechenden Sittengesetze des Alten Testamentes. Diese Gesetze dürften unter keinen Umständen verändert werden und seien unbedingt durchzusetzen. In der Tradition galten auch auf Konzilien zurückgehende Gesetze als göttlich. Damit waren die Reformatoren nicht einverstanden. Sie schränkten die ‹göttlichen› auf die biblischen Gesetze ein. Aber Lev 18 war für sie zwingend.[238] Heinrich Bullinger hat denn auch in seiner Eheschrift von 1540 die Verwandtschaftsgrade nach Lev 18 minutiös und detailliert den Zürcher Christen in Tafeln erklärt und dann eingeschärft.[239]

Erasmus ging anders vor. Auch er argumentierte selbstverständlich mit Bibelzitaten, aber er betrachtete sie mit einem kritischen, historischen Blick und führte den Leser so zu einem ganz anderen, flexiblen Umgang mit den ‹göttlichen Gesetzen›. Das ‹göttliche Recht› habe zunächst nur die Heirat im ersten Grade verboten. *Denn zu Beginn der Welt war es nötig, dass Bruder und Schwester Kinder zeugten, darum entschuldigen einige sogar den Inzest der Töchter mit ihrem Vater Lot.*[240] *Als die Menschheit sich vermehrte, wurde das Recht zu heiraten eingeschränkt, aber nur in wenigen Graden [...] wie III Mose 18 uns mitteilt.*[241] In nachapostolischer Zeit sei diese Entwicklung weitergegangen und habe dann zu den umstrittenen, weitgehenden Ehehindernissen des kanonischen Rechts geführt. Erasmus zählt alle sich daraus ergebenden verwickelten Fragen auf, nicht ohne auf inhärente Widersprüche hinzuweisen. Schließlich hält er fest:

Wer auf die Situation der damalige Zeiten zurückschaut, als unter den Christen noch eine Leidenschaft für die Keuschheit herrschte, die Bosheit noch nicht überall hervortrat und die Liebe noch nicht erkaltet war, der kann sagen, dass die päpstlichen Ehegesetze passend und fromm erlassen wurden. Aber wenn man das Wesen unserer Zeit betrachtet und bedenkt, wie viele Tausende von Menschen in der Christenheit von den Fußangeln der Ehe gefesselt sind, dann wird die Liebe, die allen wohl will, doch wohl wünschen, dass die Mutter Kirche, die immer die Erbauung und nicht das Verderben der Ihren im Auge hat, nachsichtig einiges erlässt. Sie wird die Bestimmungen ein wenig anders anpacken, so wie gelehrte und treue Ärzte ihre Medizin der Eigenart, den äußeren Umständen, dem Alter und den Personen anpassen.[242]

Tatsächlich hatte sich das Eheverständnis längst geändert.[243] Die junge Generation war nicht mehr bereit, aus Familienrücksichten zu heiraten; sie verlangte Liebesehen, und die Klöster hatten Schwierigkeiten, Nachwuchs zu finden. Die Zeiten waren vorbei, in denen ganze Familien ihre Habe Klöstern vermachten, um ein keusches Leben außerhalb des Welttreibens in der Klausur zu wählen, oder Beginen oder Devote freiere zölibatäre Gemeinschaften gründeten. Jetzt galt es darum für Erasmus, die alten kanonischen Vorschriften abzuschaffen. Er forderte, die Ehegesetze zu revidieren und der neuen ehefreundlichen Zeit anzupassen. Auch für Erasmus sollte sich eine neue Ehegesetzgebung an den Vorschriften der Heiligen Schrift orientieren, unantastbar als ‹göttliche Gesetze› aber waren diese Vorschriften für den Humanisten nicht: *Das Gesetz Gottes ist,* so formulierte Erasmus 1535 eindringlich, *immer dasselbe, so wie Gottes Wille unwandelbar ist, verschieden aber ist es ausgeformt je nach Zeiten und Personen.*[244] Darum kann und soll aus seelsorgerlichen Gründen eine Gesetzgebung, sogar wenn sie sich auf vereinzelte Christusworte bezieht, den Zeiten und Personen im Geiste der Gesamtbotschaft Christi, das heißt der Liebesbotschaft der Evangelien angepasst werden.

Die traditionelle Bewertung der Ehe als minderwertig gegenüber einem jungfräulichen, zölibatären Leben hat Erasmus erstmals in seinem *Ehelob* hinterfragt, das er um 1498 für den am Junggesellenleben hängenden jungen Lord Montjoy schrieb. Als er das Werk später publizierte, hagelte es sofort schwere Vorwürfe von orthodoxer theologischer Seite, obwohl Erasmus das Werk 1522 als rhetorische Übung zusammen mit einer Gegendarstellung veröffentlichte. Erasmus habe darin implizit das zölibatäre Leben angegriffen. Tatsächlich forderte er darin sehr deutlich die Freigabe der Priesterehe. Er schrieb, der Zölibat sei dem *Übereifer* früherer Zeiten zuzuschreiben. *Unter den heutigen Zeiten und Umständen aber würde die Reinheit der Sitten nirgends so wenig verletzt wie in der Ehe.*[245]

Erasmus hat die Ehe ganz entschieden aufzuwerten versucht, und zwar in origineller Weise. Die Reformatoren haben die Priesterehe noch viel vehementer gefordert und dann auch geheiratet. Zugleich haben sie ein zölibatäres Mönchsleben als gottwidrig abgelehnt. Aber sie haben der Ehe ihren geistlichen Gehalt genommen, weil sie die Ehe als Sakrament ablehnten. Für Luther war die Ehe ein *äußerliches, leibliches Ding,* und er hielt fest, *das keyn ehepflicht on sund* [Sünde] *geschicht.*[246] Sie diene dazu, Kinder großzuziehen und eine gesunde Sexualität anständig auszuleben. Wohl sei sie von Gott eingesetzt und darum geboten, aber eine recht nüchterne und auch beschwerliche Angelegenheit, vor allem, wenn ein Kind komme. Dann heiße es *stanck riechen, die nacht wachen, seyns schreiens wartten, seyn grindt und blattern heylen*. Da sagten sich die Leute: *Es ist besser, frey bleyben und on sorge eyn ruhig leben gefurt. Ich will eyn pfaff oder Nonne werden, meyne kinder auch datzu halten.*[247]

Ehescheidung

Dass die Reformatoren die Ehe als ein neben Taufe und Abendmahl von Gott eingesetztes Sakrament ablehnten, dürfte maßgeblich durch eine Anmerkung von Erasmus aus dem Jahre 1516 zu Eph 5,31-32 angeregt worden sein. Dort spricht Paulus von der Ehe, in der zwei ein Fleisch werden, und fügt hinzu: *Dies Geheimnis (μυστήριον) ist groß*. Die *Vulgata* hatte μυστήριον mit *sacramentum* übersetzt und begründete mit diesem Vers das kirchliche Ehesakrament. Erasmus aber hat in seinem *Neuen Testament* die Übersetzung mit *sacramentum* als eine Fehlübersetzung entlarvt. Paulus spreche da nur von einem Geheimnis. Damit entfiel die einzige biblische Belegstelle für das Ehesakrament. Weder das Neue Testament noch die Kirchenväter, erklärte Erasmus, hätten eine Ehesakramentslehre gekannt, wie sie die Kirche erst später entwickelt habe.[248] Das hat Erasmus, anders als die Reformatoren, indessen nicht davon abgehalten, seinerseits der Ehe eine sakramentale Weihe zu verleihen. Zwar lehnte auch er eine an den Eheschluss gebundene Gnadenwirkung *ex opere operato* ab, eine Gnadenwirkung, die der Eheschließung automatisch folgen würde.[249] Denn für ihn musste das Paar erst durch seine harmonische Ehe erweisen, dass es mit dem Ehesakrament begnadet ist. Käme es zu einer Trennung, dann habe es sich offenbar um keine sakramentale Ehe gehandelt, auch wenn sie formal ordentlich geschlossen wurde.[250] Denn durch das Ehesakrament werde eine Ehe unzertrennlich. Erasmus fragte denn auch im Blick auf scheiternde Ehen: *Ob nicht Gott durch seine Diener trennen will, was der Teufel durch seine Diener zusammenband?*[251] Entsprechend hat er ein Scheidungsrecht mit der Möglichkeit, wieder zu heiraten, gefordert. Beide Postulate, den Pflichtzölibat aufzuheben und Scheidungen zuzulassen, hat Erasmus seelsorgerlich begründet und den Wandel historischer Umstände geltend gemacht. So hat er vermeintlich unabänderliche ‹göttliche Gesetze› in Frage gestellt.[252]

Die Ehe als geistliche Verbindung

Nicht dass Erasmus das Christuswort: *Was Gott zusammengeschlossen hat, soll der Mensch nicht scheiden* nicht ernst nehmen wollte. Eine von Gott zusammengefügte Ehe, das betonte er, sei untrennbar, denn sie bilde, so seine Auffassung, das *höchste Glaubensgeheimnis* überhaupt ab, nämlich die Verbindung von göttlicher und menschlicher Natur in Christus. Wie in Christus die zwei Naturen unvermischt, aber untrennbar verbunden seien, so auch Mann und Frau in der Ehe. In ihrer Liebe bildeten sie nicht nur, wie der Apostel Paulus erklärt habe, Christi Liebe zu seiner Kirche ab, sondern vielmehr Gottes Liebe zur Menschheit schlechthin, die in der Menschwerdung Gottes ihren höchsten Ausdruck finde. In Christus *verband sich unauflöslich das Himmlische mit dem Irdischen, das Ewige mit dem Sterblichen, das Sichtbare mit dem Unsichtbaren* zu einem Wesen. Der Einigkeit von Gott und Mensch in Christus entspreche bildhaft die Verbindung von Mann und Frau, *wo zwei ein Fleisch werden*.[253] Eine solche Verbindung ist für Erasmus untrennbar, aber sie ist nicht an die Sakramentsspendung des Priesters gebunden und folgt ihr nicht automatisch, sondern sie hängt von Gottes Gnade ab.

Mit dieser Ehevorstellung hat Erasmus die überkommene Lehre vom Ehesakrament ad absurdum geführt und zugleich der Ehe eine neue geistlich-sakramentale Würde zugesprochen. Sie war allerdings, so attraktiv sie war, nur vage mit der biblischen Sicht der Ehe zu verbinden. Luther hat zu Recht einmal gesagt, *Christus und die Apostel hätten sich der Sache* [der Ehe] *nicht besonders angenommen*.[254] Die Annahme, dass die Verbindung der Eheleute der Verbindung der zwei Naturen in Christus entspreche, wurde denn auch meines Wissens nur von Philipp Melanchthon übernommen,[255] und Erasmus selbst hat sie in seine *Para-*

phrasen zum Neuen Testament nicht eingeflochten. Das verbot ihm wohl sein exegetisches Gewissen. Im Ehebuch aber hat er sie breit und begeistert vorgetragen und dazu bemerkt: *Da habt ihr Eheleute die Würde eures Standes, damit euch die Seelen der Jungfrauen und Priester nicht den Ruhm mindern.*[256] Mit seiner neuen geistlichen Ehelehre lief er der zölibatären Brautmystik den Rang ab. Die Brautmystik deutete die geistliche Verbindung der klösterlich keusch Lebenden mit ihrem Erlöser als eine geistliche Ehe der Seelen mit Christus. Sie bilde die Liebe Christi zu seiner Kirche ab. Erasmus ließ nun die weltliche Ehe ein viel größeres Glaubensgeheimnis abbilden: die Verbindung von göttlicher und menschlicher Natur in Christus.

Zugleich erlaubte diese Deutung, die Frau in Ehe und Gesellschaft aufzuwerten. Erasmus forderte: Wie die göttliche Natur die menschliche umfängt, so soll die männliche die weibliche umfangen, *auf dass daraus eine gleichwertige Lebensgemeinschaft werde und keine Herrschaft.*[257]

Erasmus kann nicht genug betonen, dass Liebe nur unter Gleichwertigen möglich ist. Zwar widerspricht er den Paulusworten, dass die Frau dem Manne untertan sein soll (Eph 5,22; Kol 3,18), nicht. Er geht nicht so weit, sie als veraltet abzutun. Er rüttelt nicht grundsätzlich an der überkommenen Geschlechterordnung. Aber statt die Unterordnung der Frau wie üblich einzuschärfen, relativiert er sie ganz entschieden. Dafür bemüht er sogar die heilige Trinität, die Einheit von Gott Vater, Sohn und Heiligem Geist, und erklärt: *Auch unter den göttlichen Personen gibt es eine Rangordnung, aber keinerlei Mangel an Würde.*[258] Das ist nicht irgendein herbeigezogenes Argument. Denn die göttliche Trinität ist für ihn, so in der *Johannesparaphrase*, die Liebesgemeinschaft schlechthin, bestehend aus *Gott dem Vater, der höchsten Quelle alles Guten, ihm zugesellt der Sohn, durch den der Vater alle Dinge schafft, regiert und wiederherstellt, und dem Geist, gleich mit beiden, durch den der Vater alles vollendet. Diese heilige Trias, fest verbunden und in sich zurückkehrend, ist das vornehmste Beispiel absoluter Liebe und Eintracht.*[259] Wie die göttliche Trinität zwar hierarchisch geordnet sei, aber dennoch alle drei göttlichen Seinsweisen gleichwertig seien, so seien Mann und Frau zwar rechtlich nicht gleichgestellt, aber gleichwertig.[260]

Für Erasmus ist die Frau dem Manne eine echte Partnerin, seine Freundin und Gefährtin. Die Ehe ist für ihn die höchste Form der Freundschaft. Die Seelen müssen sich darin verbinden.[261] Erasmus kann darum nicht genug davor warnen, Geld oder einen edlen Namen zu heiraten, und gibt gute Ratschläge für den Hochzeitstag der damals oft noch wenig miteinander vertrauten jungen Eheleute. Die üblichen anzüglichen Späße an den Hochzeitsfeiern verwirft er und insbesondere die derben Sitten beim ersten Beischlaf, wo nach Erasmus der Mann oft brutal seine Macht über die Frau demonstrierte. Beim ersten Beisammensein sollten, so fordert er dagegen, alle Peinlichkeiten vermieden werden. Darum habe man in alter Zeit die Hochzeiter im Dunklen zusammengelegt.[262]

Wenn doch wenigstens unter Christen ein von sexueller Begierde beherrschter Gatte nicht so gepriesen würde, seufzt der zölibatär lebende Erasmus, *ein Gatte, der beim ersten Beischlaf die Frau gewaltsam wie einen Raub schändet, ihr das Übergewand abreißt, ihr die Kleider zerfetzt oder was sonst seine bestialische Lust behindert. Du würdest sagen, der Bräutigam rast mehr, als dass er liebt, und nichts erinnert an eine sakramentale Verbindung. Die meisten wilden Tiere beginnen das Zusammenleben schamvoller. Aber das ist noch nicht genug. Überall wird verbreitet und aufgezählt, wie oft sie in der ersten Nacht zusammenkamen. O, wie unchristlich ist eine Ehe unter Christen!*[263] Dagegen empfiehlt Erasmus das gemeinsame Gespräch und ein gemeinsames Gebet, um den Beischlaf vorzubereiten. Das einfühlsame Gespräch müsse am Anfang und am Ende einer guten Ehe stehen: *Nichts kann besser Wohlwollen unter den Menschen herbeiführen, stärken und erhalten als das gegenseitige Gespräch. Es war das Gespräch, das die Menschen, die wie wilde Tiere herumstreiften, in Städten zusammenschloss. Es verbindet Städte mit Städten, Völker mit Völkern, Königreiche mit Königreichen.* So soll es auch die Ehegatten zusammenschließen, so dass sie zu einer echten Freundschaft finden und Seele sich mit Seele vereint.[264] Seelenfreundschaft aber beruht für den Humanisten auf gleicher Gesinnung und auf Ebenbürtigkeit. Darum solle sich die Frau, genauso wie der Mann, ausbilden können. So könne sie auch etwas verdienen, und falls das nicht nötig sei, brauche sie sich nicht zu langweilen.[265] Insbesondere rät Erasmus zu einer Schulung in den *studia humanitatis*, in seinen geliebten Studien der Antike, der Philosophie, Literatur und vor allem der Heiligen Schrift. Sie würden Geist und Gemüt bilden und bis ins hohe Alter erfreuen.[266] Hat die Frau keine Ausbildung genossen, soll der Mann ihr ermöglichen, das nachzuholen, sie am besten selbst schulen. Wer seine Frau vorsätzlich niederhält, ist verachtenswert: *Es gibt Ehemänner, die ihre Frauen [...] niedermachen und unterwerfen, um leichter über die Erniedrigten herrschen zu können, wenn sie sie in ihrer Würde genügend verletzt haben. Davon ist in jeder Hinsicht abzuraten. [...] Es gibt auch Freunde und Herrscher solcher Art. Diese erniedrigen und verschüchtern ihre Freunde, um sie umso gefügiger zu machen. Jene verletzen und schwächen ihre Untertanen und ihre Nachbarn, um ihre Macht zu vergrößern. Aber wer so seine Freunde behandelt, verwandelt sich selbst aus einem Freund in einen Herrscher und hat dann statt Freunden Sklaven und Schmeichler. Auch ein Fürst, der seine Macht nur auf Kosten seiner Untertanen und Nachbarn zu erweitern weiß, degeneriert von einem Fürsten zum Tyrannen. Bürger und Verbündete werden dann zu Sklaven und verdeckten Feinden. Ein fähiger Fürst wird dagegen ein wenig bedeutendes Volk zu neuer Würde zu erheben trachten, ist es bereits machtvoll und berühmt, wird er sich aufraffen, um durch leuchtende Taten und Eifer dem Ruhm zu entsprechen oder ihn gar zu übertreffen. Das gleiche ist in einer Freundschaft noch mehr am Platz, fehlt dort die Gleichwertigkeit, ist der Name Freundschaft hinfällig. Darum, wenn einer eine Frau mit besonderen Gaben hat, soll er sie nicht erniedrigen, [...] sondern danach trachten, sich selbst durch Tugend zur Würde seiner Gattin zu erheben.*

Jämmerlich und dumm ist in den Augen von Erasmus, wer keine *aufrechten Gemüter* neben sich dulden kann und seine Ehegattin erniedrigt.[267]

Die Stellung der Frau

Erasmus rät den Frauen offen, ihre untertänige Stellung durch geschicktes Verhalten in eine Überlegenheit zu verwandeln. Er lässt eine junge Frau nicht nur fragen: *Wer ist geringer, der, der nachgibt, oder der, dem nachgegeben wird?*[268] Erasmus hat auch Anweisungen gegeben, wie Männer – wilden Tieren gleich – zu zähmen seien. Da unterhalten sich eine in glücklicher Ehe lebende Eulalia und eine unglücklich verheiratete Xantippe, die mit ihrem Mann ständig streitet.

Xantippe: *Aber erzähle mir doch bitte, mit welchen Künsten du deinen Mann zu deinen Umgangsformen verführt hast.*

[…]

Eulalia: *Meine oberste Priorität war, dass ich meinem Mann in jeder Beziehung angenehm war. Darum schaltete ich alles aus, was ihn ärgern könnte. Ich beobachtete seinen Charakter und seine Vorlieben. Ich achtete auch jeweils auf Zeit und Umstände und womit er zu besänftigen war und was ihn reizte. Ich machte es also genauso, wie die, die Elefanten oder Löwen oder ähnliche Tiere zähmen, die mit Gewalt nicht zu bändigen sind.*

X.: *Ein solches Tier habe ich im Hause.*

Eu.: *Niemand trägt ein weißes Kleid, der sich Elefanten, und niemand ein rotes, der sich Stieren nähert, weil diese Tiere durch solche Farben bekanntlich gereizt werden. So werden auch die Tiger durch den Lärm von Pauken so in Wut versetzt, dass sie sich selbst zerfleischen. Wer mit Pferden umgeht, ruft sie an, schnalzt, streichelt sie und tut anderes mehr, womit er die wildgewordenen besänftigt. Um wie viel mehr sollten wir solche Künste unseren Männern gegenüber anwenden, mit denen wir das ganze Leben lang Haus und Bett teilen, ob wir es wollen oder nicht?* […]

X.: *Mein Mann ist zu wild, ich kann ihn nicht durch irgendwelches Entgegenkommen bändigen.*

Eu.: *Oh, das solltest du nicht sagen. Keine Bestie ist so wild, dass sie sich nicht durch Gefälligkeiten zähmen ließe. Gib darum nicht gerade beim Menschen die Hoffnung auf.*[269]

Soweit Erasmus' Rat für eine glückliche Ehe.

Anders als die Reformatoren erwog er nicht, selber zu heiraten. Er richtete sich als zölibatär lebender Geistlicher in der Welt ein. Aber auch er hatte seine Erfahrungen mit fraulichen Zähmungskünsten. Er hatte seine *Xantippe*, seine Haushälterin Margarete Büsslin. Sie sei *hässlich, faul, geschwätzig, verfressen und verletzend*, behauptete er in gelegentlichem Ärger. Aber er behielt sie, wusste sie doch in den chaotischen gastfreien Haushalt voll junger und alter Gelehrter Ordnung und Struktur zu bringen.[270] Im Colloquium *Convivium poeticum* schildert er sie uns so:

Der Gastgeber Hilarius: *Margarete, du Furie, was fiel dir ein, uns grüne Rüben statt Salat zu servieren?*

Margarete: *Ich tat es mit Absicht.*

H.: *Was sagst du da, du Giftmischerin?*

M.: *Ich wollte ausprobieren, ob unter so vielen Dichtern auch nur einer wäre, der Salat von Rüben unterscheiden kann. Dass du es nicht kannst, das weiß ich. Sag mir ehrlich, wer bemerkte es?*

Ein Gast: *Crato.*

M.: *Kein Dichter also, das war leicht zu erraten.*

H.: *Wenn du so was noch einmal bringst, werde ich dich Blitea* [Dummkopf] *nennen.*

Die Gäste: *Ha, ha.*

M.: *Solche Namen machen mich weder dicker noch dünner. Er ändert meinen Namen zwanzig Mal im Tag. Wenn er etwas von mir erschmeicheln will, nennt er mich Galathea, Euterpe, Calliope, Callirrhoe, Melissa, Venus, Minerva und, ich weis nicht, was noch alles* [lauter schmeichelhafte Namen aus der griechischen Mythologie], *wenn er sich über etwas ärgert, dann werde ich schnell* [zum Gegenteil,] *zu Thisiphone, Megera, Alecto, Medusa, Baucis oder was ihm sonst seine schlechte Laune eingibt.*

So geht es weiter. Sie ist nicht auf den Mund gefallen und behält jeweils das letzte Wort. Am Ende schickt sie die Gäste heim:

Leonhardus: *Ich sehe Margarete mit ich weiß nicht was für Süßigkeiten kommen.*

H.: *Wenn sie das macht, habe ich mich in meiner Furie getäuscht. Was bringst du?*

M.: *Senf, um euren Streit zu würzen. Schämt ihr euch nicht, bis mitten in der Nacht hinein hier zu schwatzen, ihr Herren Dichter, und später noch über die Geschwätzigkeit der Frauen herzuziehen?*

Crato: *Das ist kein schlechter Rat von Margarete. Es ist jetzt Zeit für alle, ins Bett zu gehen.*

Erasmus Frauenbild blieb ambivalent. Er erinnerte die Frauen daran, dass Gott in Christus als göttlicher Schöpfer und Herrscher über die Welt Knechtsgestalt annahm und kam, nicht um sich dienen zu lassen, sondern um zu dienen (Mt 20,28). Mit Blick auf ihn verlangt er von den Frauen den Spagat, sich einerseits willig dem Ehemann zu unterordnen und andererseits sich aktiv engagiert und durchsetzungsfähig für eine Reform in der Gesellschaft einzusetzen. Darum empfiehlt er die Gestalt der Judith als Vorbild. Judith ist die Titelheldin einer jüdischen Geschichte, die Eingang in die griechische und lateinische Version des biblischen Kanons fand.

Judiths Heimatstadt ist belagert von einer Übermacht. Die assyrischen Feinde haben die Wasserleitungen zerstört und versperren den Zugang zu den Brunnen. Die erschöpften Einwohner sehen nur noch die Wahl zwischen Tod durch Verdursten oder einer schmachvollen Übergabe der Stadt. Was nach einer Übergabe folgen wird, ist nur zu bekannt. Überall wo das Heer durchzog, hat es alles kurz und klein geschlagen, geplündert, gebrandschatzt und die Bevölkerung versklavt. Aber das scheint den Verzweifelten immer noch besser, als zusehen zu müssen, wie ihre Kinder verdursten. Die Ältesten der Stadt entschließen sich zur Übergabe in fünf Tagen. Da bittet eine junge, schöne und geachtete Witwe die angesehensten Vorsteher zu sich ins Haus, wo sie mit ihren Mägden im Gebet versammelt ist. Sie ist keineswegs bereit, sich der Entscheidung der mächtigen Vorsteher demütig zu beugen; sie wirft ihnen mangelndes Gottvertrauen vor und weist sie an zu beten, während sie die Stadt nach ihrem eigenen Plan retten will. In der Nacht verlässt sie zusammen mit einer Magd die Stadt, frisch gewaschen und gesalbt, prächtig gekleidet und reich geschmückt. Die Magd trägt einen Korb mit schwerem Wein und köstlichen Feigenkuchen. Mutig dringen die beiden ins feindliche Lager ein. Die begehrenswerten Frauen werden bis zum Oberbefehlshaber vorgelassen. Und da läuft alles nach Plan. Er lässt sich verführen, berauscht von Begierde und Wein schläft er ein. Sie köpft ihn mit seinem eigenen Schwert. Die nichtsahnenden Wachen lassen sie und ihre Begleiterin mit dem im Korb versteckten Kopf das Lager passieren. Die beiden Frauen kommen zurück in ihre Stadt. Erst Stunden später finden die Wachen den kopflosen Leichnam ihres Anführers. Die Nachricht breitet sich aus. Das Heer flieht in wilder Panik. Auf den Rat Judiths hin verfolgen die Israeliten die Feinde, machen reiche Beute und kehren zurück in ihre befreite Stadt. Judith aber begibt sich ruhig wieder in ihr Haus und lebt zurückgezogen, bis sie fromm und geachtet mit hundertfünf Jahren stirbt. So in aller Kürze der Stoff der farbig geschilderten Erzählung aus dem zweiten Jahrhundert vor Christus.

In der Christenheit wurde der fragwürdige Text allegorisch verstanden. Bereits die Kirchenväter hatten die Judithfigur als Typus einer tapferen, keuschen Frau gedeutet und den Hauptmann als Typus eines von Gott verdammten Sünders.[271] Im Mittelalter war der allegorisierte Stoff sehr beliebt. Unzählige Künstler griffen ihn auf. Judith wurde zum Symbol für den Sieg der Tugend über das Laster, der Demut und Keuschheit über Stolz und Genusssucht, der Kirche über den Antichrist. Die Renaissance übernahm diese Deutungen. Auch bei Erasmus war Judith selbstverständlich eine keusche, fromme Frau, aber er scheute sich nicht, die Geschichte, wie sie überliefert war, in ihrem buchstäblichen Sinn nachzuerzählen, ohne ständig zu allegorisieren. Über den Meuchelmord ging der Gewalt verabscheuende Humanist schnell hinweg. Umso ausführlicher schilderte er, wie Judith die ratlosen und verzagten Ältesten abkanzelt und sie schließlich mit ihrem Gottvertrauen anzustecken weiß. *Obwohl Judith eine Frau und Witwe war, über kein Territorium regierte und kein öffentliches Amt innehatte,* holten sich die Ältesten bei ihr Rat, betonte er. *Die Vorsteher und Regenten wurden von ihr gescholten und schwiegen dazu.* Gerade so war sie für Erasmus eine Frau der Superlative: *Höchste Seelenstärke war bei ihr mit höchster Bescheidenheit, höchste Klugheit mit höchster Frömmigkeit gepaart.*[272]

Die Witwen seiner Zeit sollten, so riet Erasmus, agieren wie Judith. Wohl sollten sie keine Waffengewalt anwenden, aber sie sollten die Vorsteher und Regenten an ihre Pflichten erinnern und, wo nötig, kraft persönlicher Autorität das Heft selbst in die Hand nehmen. Das *Witwenbuch* hat Erasmus der jung verwitweten Königin Maria von Ungarn aus dem Hause Habsburg gewidmet. Er erteilte ihr darin auch noch einen anderen Rat: Sie solle wieder heiraten! Sie scheint sich lieber an die Empfehlung gehalten zu haben, sich wie Judith auch gegen regierende Männer durchzusetzen. Jedenfalls hat sie gegen den Willen ihrer königlichen Brüder nicht wieder geheiratet, sondern stattdessen als Statthalterin der Niederlande das Land energisch gegen Feinde verteidigt und zu wirtschaftlicher Blüte geführt.

In Basel versuchte der Rat weiterhin ganz im Sinn von Erasmus, zwischen den Glaubensparteien zu vermitteln und ein friedliches Nebeneinander von verschieden gefeierten Gottesdiensten durchzusetzen. Doch die Scharfmacher auf beiden Seiten konnten sich damit nicht abfinden. An Ostern 1528 kam es zu kleineren Bilderstürmen. In einigen Kirchen wurden die Bilder entfernt, in anderen, insbesondere im Münster, belassen. An Weihnachten 1528 forderten die zwölf Handwerkerzünfte die Durchsetzung einer Reformation für die ganze Stadt: Messfeiern seien in allen Kirchen zu verbieten und *zwyspaltige* [gegensätzliche] *predig* zu unterbinden. Ausdrücklich lehnten sie das Argument ab, niemand könne zum rechten Glauben gezwungen werden, da nur Gott Glauben schenke. Sie erklärten dagegen: So wenig wie eine Mutter sich mit dem Hinweis auf Gottes Schickung entschuldigen könne, wenn ihre Töchter verwahrlosten, so wenig dürfe eine christliche Obrigkeit *falsche Propheten* dulden. Auch dass selbst die Gelehrten in den zur Debatte stehenden Glaubensfragen uneins seien, sei kein Argument, denn Christus habe sein Gesetz für alle verständlich gepredigt.[273]

Es blieb nicht bei Eingaben an den Rat. Im Februar 1529 rotteten sich neugläubige Anhänger bewaffnet zusammen, setzten die Ratsherren unter Druck, zerstörten die noch vorhandenen Bilder zunächst im Münster, dann in St. Peter, der Predigerkirche, zu St. Alban und St. Ulrich. Sie erreichten, dass die altgläubig Gesinnten aus dem Rat ausgeschlossen und an der römischen Kirche festhaltende Pfarrer durch reformatorisch gesinnte ersetzt wurden. Zur politischen Machtbeteiligung der Handwerkerzünfte kam es allerdings nicht im ersehnten Maß, ebenso wenig zum vom Reformator Oekolampad gewünschten Aufbau einer unabhängigen kirchlichen Behörde. Der ‹gereinigte› Rat beschloss aus eigener Machtvollkommenheit am 1. April seine *Reformationsordnung* mit strengen Sittenmandaten gegen Gotteslästerung, Trunkenheit und Ehebruch.

Solche Sittenmandate sind keine Erfindung der Reformation. Ungezählte sind aus allen Städten schon aus vorreformatorischer Zeit überliefert. Dass sie immer neu und erweitert ausgestellt werden mussten, zeigt, wie wichtig dieses Instrument den Stadtvätern war, aber auch, wie wenig sie damit ausrichteten, wenn sie gegen aufwendige Familienfeste, gegen Wirtshausbesuche, gegen luxuriöse Kleidung und Schmuck, gegen ausgelassenen Tanz, Glücksspiele und Hurerei vorgingen. Das sollte sich mit der Reformation ändern. Jetzt nahmen sich mit großem Ernst politische Behörden und Geistlichkeit gemeinsam des Problems einer Gesellschaftsreform an. Erfolgreich ergänzten sich Predigt und Polizeimaßnahmen. Mit ihrer Hilfe erzwangen die Mächtigen, jedenfalls äußerlich, den gewünschten christlich-bürgerlichen Sittenkodex. Die von Historikern sogenannte Sozialdisziplinierung setzte ein, die den typischen frühmodernen, angepassten, fleißigen, sich mit seinem Staatswesen identifizierenden, standesbewussten, auf eine intakte Familie und die allgemeine Wohlfahrt bedachten, frommen Bürger heranzog. Erasmus hatte dafür nur Spott übrig.

Im Colloquium *Senatulus* lässt er Frauen einen republikanischen Senat gründen mit allen Schikanen: mit beschränkter Mitgliederzahl, einem Vorsitz, Abstimmungen, Schriftführung und Geschäftsordnung. Die Verhandlung geht los.

Cornelia: *Ich denke, ihr wisst alle* [...] *wie sehr unsere Interessen geschädigt wurden, weil wir, während die Männer in täglichen Beratungen ihre Angelegenheiten regeln, beim Spinnrocken und Webstuhl sitzen und unsere Sache im Stich gelassen haben. So kam es so weit, dass wir uns überhaupt nicht zusammengeschlossen haben und die Männer uns allenfalls als Lustobjekt achten und uns kaum des Namens Mensch für würdig halten. Lassen wir das so weitergehen wie bisher, dann können wir uns selbst ausrechnen, worauf die Sache am Ende hinausläuft.* [...] *Die Bischöfe haben ihre Synoden, die Mönchsgemeinschaften ihre Zusammenkünfte, die Soldaten ihre Appelle, sogar die Diebe haben ihre Konvente, und selbst die Ameisen halten ihre Kongresse ab. Unter allen Lebewesen haben nur wir, die Frauen, keinen ‹Verkehr›.*

Margaret: *Mehr als sich schickt.*
C.: *Jetzt ist keine Zeit für Zwischenrufe. Lasst mich erst ausreden, dann werde ich euch einzeln das Wort erteilen. Was wir tun, ist nicht neu. Wir erneuern nur ein altes Beispiel. Vor 1300 Jahren hat nämlich schon der lobenswerte Kaiser Heliogabal …*
Perotta: *Der lobenswert? Der* [orientalische Lüstling] *wurde doch* [nach römischem Brauch] *mit dem Widerhaken hingerichtet und in die Kloake geworfen.*
C.: *Schon wieder werde ich unterbrochen! Wenn wir auf solche Art Menschen als gut oder schlecht beurteilen wollen, dann müssten wir Christus schlecht nennen, weil er gekreuzigt wurde, und* [den Christenverfolger Kaiser] *Domitianus fromm, weil er zuhause starb.* […] *Dieser Heliogabal hatte verfügt, dass wie er selbst, der Kaiser, mit seinen Männern einen Senat hatte, in dem die öffentlichen Angelegenheiten beraten wurden, so solle auch seine erhabene Mutter ihren Senat haben, in dem über weibliche Geschäfte verhandelt werden sollte. Den nannten die Männer, sei es nun, um sich darüber lustig zu machen oder zur Unterscheidung ‹Senatulum› – Senätlein. Dies so viele Jahrhunderte lang vergessene Beispiel hätte schon längst wieder eingeführt werden müssen. Es soll uns nicht irre machen, dass der Apostel der Frau das Reden in der Versammlung verbietet, die er Kirche nennt: er spricht von einer Versammlung zusammen mit Männern, hier aber handelt es sich um eine rein weibliche Versammlung. Im Übrigen, wenn Frauen immer schweigen sollten, wozu gab uns die Natur Zungen, die nicht weniger gewandt sind als die der Männer, und genauso laute Stimmen? Obwohl die männlichen rauer klingen und eher an Esel erinnern* […] *Würde man sich erlauben, ihre Zusammenkünfte realistisch einzuschätzen, dann könnten sie eher ‹weibisch› genannt werden. Wir sehen, wie die Herrscher schon seit Jahren nichts anderes tun, als Kriege zu führen, und unter Theologen, Priestern, Bischöfen und dem Volk herrscht nirgends Einigkeit. Wie viele Menschen, so viele Meinungen.*[274]

Der Leser erwartet nun wichtige Verhandlungsgegenstände. Auf der Tagesordnung stehen dann aber ausschließlich Sittenmandate, insbesondere Kleider-, Luxus- und Standesvorschriften:
C.: *Zuerst muss es um die Würde gehen, die vor allem von unserem Auftreten abhängt. Das wird zur Zeit so sehr vernachlässigt, dass du heute kaum mehr zwischen einer Adligen und einer Bürgersfrau un-*

terscheiden kannst, genauso wenig wie zwischen einer Unverheirateten, Verheirateten und einer Witwe oder einer ehrbaren Dame und einer Prostituierten. So schamlos ist unser Zeitalter, dass jede trägt, was sie will. Wir sehen Frauen aus den untersten Schichten [...] gekleidet in seidenen, gefältelten und geblümten Gewändern, in Batist, in Gold und Silber durchwirkten Stoffen, in Leder, Zobel und Hermelin, während der Mann zuhause Schuhe flickt.[275]

Das geht seitenlang so weiter und schließt mit den Worten: *Seit Langem rufen diese Dinge danach, dass wir dazu etwas Bestimmtes beschließen. Wir können diese Punkte auch leicht unter uns verhandeln, weil sie allein das weibliche Geschlecht angehen. Aber da gibt es auch etwas, was wir mit den Männern zu verhandeln haben, die uns von allen Würden ausschließen und alles nach ihrem Willen ausführen und uns fast so behandeln, als wären wir Waschfrauen oder Köchinnen. Konzedieren wir ihnen die Staatsämter und die Kriegführung! Wer aber wollte ertragen, dass das Wappen der Frau immer auf der linken Seite steht, auch wenn sie den Mann dreifach an Adel übertrifft?*[276]

Soweit Erasmus, der sich in seinem Gesamtwerk immer wieder über den Geburtsadel lustig machte und Kleiderprunk verachtete.

Aber sein Spott verhallte ohne Wirkung. Die Basler Reformationsordnung von 1529 verbot zwar neben Ehebruch, Zutrinken, Spielen und Tanzen nur die bei Männern, insbesondere bei Landsknechten, beliebten geschlitzten und mit Luxusstoffen unterlegten sogenannten zerhauenen Hosen und Wämser.[277] Aber die Verbote wurden in den folgenden Jahrzehnten immer ausführlicher. In der Reformationsordnung von 1637 schließlich umfasst die Kleiderordnung allein 19 Seiten. Da wird zum Beispiel bei Strafe vorgeschrieben, dass die Standespersonen auf Tücher und Röcke nicht mehr als fünf Borten von Atlas, Damast oder Taft aufnähen dürfen, *Gemeine Burgers Weiber vnd Töchteren* aber höchstens drei, jede eine viertel Elle breit, *Mägde/Krößleren/Näheren/ vnd ihres gleichen* nur eine von einer halben Elle.[278] Aus Erasmus' Spott ist Ernst geworden.

Nach Innen haben die Sittenmandate und Reformationsordnungen eine gemeinschaftsfördernde Identität geschaffen, nach außen aber Intoleranz. Andere Identitäten, insbesondere andere Konfessionen, wurden aufs Schärfste abgelehnt und bekämpft und auch, wer sich im Inneren nicht anpasste, musste weichen, wenn ihm nicht gar der Tod drohte. Täufer, Antitrinitarier, aber auch Bettler und Ehebrecher wurden gnadenlos vertrieben, verfolgt, verbannt, hingerichtet. Den Reformatoren ging es freilich nicht um einen neuen Menschentyp, noch weniger um lieblose Verfolgung, ihnen ging es darum, Gottes Willen Raum zu schaffen, Strukturen zu bilden, die eine einheitliche christliche Gemeinde ermöglichten, die ganz aus Gottes Wort lebte und seine Gebote befolgte. Darin fanden sie die Unterstützung breiter Schichten in den Städten und auf dem Land. Das Bedürfnis nach Ordnung, nach christlicher Ordnung, die nach allgemeinem Verständnis göttliche Strafen abwenden konnte, war groß in protestantischen genauso wie in katholischen Landen.

Die *Reformationsordnung* Basels enthielt nicht nur aus Erasmus' Sicht fragwürdige Sittenmandate, sie enthielt auch vieles von dem, wofür Erasmus in seinen Publikationen gekämpft hatte: Die Predigten sollten sich auf die Bibel gründen und das Leben nach evangelischen Grundsätzen eingerichtet werden. Viele Feiertage wurden abgeschafft,[279] Klandestinehen verboten und eine öffentliche Eheschließung vorgeschrieben, Ehescheidungen mit der Möglichkeit, wieder zu heiraten, erlaubt,[280] Schulen gefördert.[281] Aber die *Reformationsordnung* verbot auch bei Strafe Messfeiern und verschiedene Zeremonien nach päpstlicher Ordnung.[282] Der Rat setzte fest, was zu glauben war und was nicht. Er bestimmte ein Examinatorengremium bestehend aus zwei Pfarrern und vier Ratsherren, eine Kommission, die Pfarrer vor einer Amtseinsetzung prüfte und auch ferner ihre Lehre und ihren Lebenswandel überwachte.[283] Der Rat wählte Professoren für das Neue und Alte Testament, deren Vorlesungen alle Priester, auch wenn sie kein Amt versahen, zu besuchen hatten.[284] Alle Bürger mussten den sonntäglichen Gottesdiensten, alle Priester mit Basler Pfründen auch den täglichen beiwohnen.[285] Ausdrücklich wurde unter Strafe gestellt, wer irgend anderes lehrte als die Stadtväter aus *christlichem Eifer* für gut hielten. Der Rat behielt sich also die höchste Lehrautorität in religiösen Fragen vor.[286] Insbesondere den Täufern drohte er mit Gefängnis und Todesstrafe.[287] Die Kirche hatte ihre Selbständigkeit verloren, sie wurde vom städtischen Rat abhängig, und für Andersdenkende war kein Platz mehr.

Es ist begreiflich, dass der freiheitsliebende, unabhängige Erasmus sich einer solchen Ordnung nicht unterziehen wollte. Er entschloss sich zum Wegzug. Oekolampad und der um die Reformation in Basel hochverdiente Bürgermeister Jacob Meyer zum Hirzen versuchten ihn zurückzuhalten – ohne Erfolg. Daraufhin verlangten sie, dass der langjährige berühmteste Gast Basels wenigstens nicht ungesehen und heimlich am Rande der Stadt ein Schiff bestieg, sondern in aller Öffentlichkeit an der belebten Schifflände. Erasmus fügte sich und verabschiedete sich mit einem Gedicht, das in der Übersetzung von Walter Köhler so klingt:

Nun ade mein liebes Basel, langer Jahre beste Bleibe,
Freude wünsch ich dir, nur frohe Gäste
Wie Erasmus einer war.[288]

Erasmus zog ins habsburgische Freiburg im Breisgau unter den Schutz einer altkirchlichen Obrigkeit, die damals noch die Selbstständigkeit der Kirche weitgehend respektierte.[289]

VII Letzte Jahre – in Freiburg und wieder in Basel

In Freiburg wurde Erasmus freundlich und ehrenvoll empfangen. Im Juni schrieb er an seinen Freund Willibald Pirckheimer, dem gegenüber er stets sehr offen war, er habe in Freiburg alles wunschgemäß vorgefunden. Aber, fügte er hinzu: *Wenn ich auch froh bin, Basel verlassen zu haben, so bin ich doch sehr ungern weggegangen.*[290]

Aus dem zwar wenig geliebten, aber doch sicheren Nest in Freiburg schilderte er die entscheidenden Basler Vorgänge so:

Sobald die kirchentreuen Parteigänger sahen, wie sich gegen das Edikt des Rates und gegen den eingegangenen Schwur Leute zusammenrotteten, bewaffneten sie sich. Das tat dann auch die andere Seite. Sie errichtete auf dem Marktplatz Barrikaden und stellte Geschütze auf. Die Autorität des Rates brachte die Kirchentreuen dazu, die Waffen niederzulegen; die anderen folgten ihnen, allerdings nur für einige Zeit. Denn als man beschloss, gegen die Heiligenbilder zu wüten, da strömten sie auf dem Marktplatz zusammen, stellten eiserne Kanonen auf und trieben sich dort einige Nächte lang unter freiem Himmel herum. Furchterregend war der gewaltige Scheiterhaufen. Sie drangen jedoch in kein Haus ein und verletzten niemand. Nur der Bürgermeister, mein nächster Nachbar, ein guter Redner, der sich immer wieder um die Stadt wohlverdient gemacht hatte, flüchtete heimlich mit einem Boot. Er wäre verloren gewesen, wenn er es nicht getan hätte. Auch ziemlich viele andere flüchteten aus Furcht. Sie wurden aber mit Genehmigung des Rates zurückgerufen, wenn sie unter dem Bürgerrecht leben wollten. Aus dem Rat wurden alle entfernt, die der alten Religion anhingen, damit es bei Abstimmungen keine Abweichler gebe.

Bis zu einem gewissen Grade hat der Rat den Aufruhr mäßigen können, indem er die Schmiede und Handwerker die Bilder aus den Kirchen entfernen ließ, die sie entfernen wollten. Sie verhöhnten dabei die Heiligenbilder und sogar Kruzifixe so schamlos, dass es ein Wunder ist, dass kein Wunder geschah, wo die Heiligen doch einst so viele zu tun pflegten und leicht beleidigt waren. Keine einzige Statue ist übrig geblieben, weder in den Kirchen noch in den Vorhallen, Säulengängen oder Klöstern. Alle Fresken und Bilder wurden mit Kalk übertüncht. Was brennbar war, wurde auf den Scheiterhaufen geworfen, das Übrige in Stücke zerschlagen. Weder der Geldwert noch der künstlerische Wert gaben Anlass, irgendetwas zu verschonen. Bald wurde die Messfeier ganz abgeschafft, und niemand darf sie nun zuhause privat zelebrieren oder in benachbarten Gebieten Messe hören.[291]

Soweit aus einem Brief, ebenfalls an Willibald Pirckheimer. Man spürt, wie Erasmus versuchte neutral zu bleiben und wie ihn auch in dieser Krise sein Humor nicht ganz verließ. Der Satz zum Bildersturm: *Weder der Geldwert noch der künstlerische Wert gaben Anlass, irgendetwas zu verschonen*, ist meines Wissens der einzige in dieser Zeit schriftlich festgehaltene Beleg, dass der Verlust an Kunstwerken bedauert wurde. Heiß diskutierten Theologen und Laien, ob und wieweit Bilder mit dem Bilderverbot aus den zehn Geboten vereinbar seien, auch über ihren pädagogischen Wert und die Frage, ob und wie sie Heiliges und Göttliches repräsentierten oder wieweit sie an heiligstem Ort missbräuchlich nur dem Ansehen ihrer Stifter dienten. Je nach Antwort forderten die Wortführer, sie seien zu zerstören oder nicht. Aber der Kunstwert war kein Argument in der leidenschaftlich geführten Debatte. Dass Erasmus darauf hinwies, zeigt einmal mehr seine Stellung außerhalb der Parteien.

Die «Evangelischen» und das Evangelium

An eine breitere Öffentlichkeit richtete Erasmus sich mit einer größeren Stellungnahme zur Reformation in der Schrift *Contra Pseudevangelicos*, gegen die Pseudoevangelischen. Eine Reform der Christenheit auf dem Fundament des Evangeliums sei dringend notwendig, das verhehlte er nicht. Aber sie sei nach den Grundsätzen des Evangeliums durchzuführen, nicht nach dem Buchstaben. Die Reformatoren aber wollten, so sah er es, das Rad der Geschichte zurückdrehen und bar jeden historischen Bewusstseins alles über einen Leisten schlagend die Gesellschaft nicht nur nach den Grundsätzen, sondern nach allen, auch zeitgebundenen Vorschriften Christi und der Apostel reformieren.

Dabei überstürzten sie alles. Darum habe er sich von ihnen losgesagt. Sie behaupteten, Christus habe seine Kirche tausendvierhundert Jahre lang verlassen und das Wirken der Heiligen sei solange nur Blendwerk gewesen. Jetzt aber sei die Zeit angebrochen, die reinen Zustände der Urkirche wiederherzustellen.[292] Was aber kommt dabei heraus, fragte Erasmus und antwortete: Es sind bloß die sogenannten *menschlichen Gesetze* [also alle kanonisch-kirchenrechtlichen Bestimmungen, die sich nicht direkt aus der Bibel ableiten ließen] *durch neue menschliche, in der Tat zu wenig menschliche, ersetzt worden. Die Bezeichnung hat sich geändert, sie heißen jetzt nämlich Wort Gottes, die Sache ist aber so wenig milder geworden, dass viele rechtschaffene Leute ein freiwilliges Exil der herrlich besungenen Freiheit vorziehen.*[293] Selbst im Exil, ereiferte sich Erasmus weiter, sind die Folgen der überstürzten Reformation schmerzlich fühlbar, denn die Kirchenspaltung hat auch die überkommene Kirche radikalisiert. Dort herrschen jetzt die stursten Theologen und Mönche und bedrohen alle, die nicht ganz auf ihrer Linie sind, mit Verbannung, Gefängnis und Scheiterhaufen. Es gibt keine freien Diskussionen mehr, und die unsinnigsten Lehren werden als Glaubenssätze allen aufgezwungen. Sie *nötigen uns jetzt zu glauben, dass ein Mensch verdienstliche Werke aus sich selbst heraus tun kann, dass unsere guten Werke das ewige Leben verdienen, dass auch die Jungfrau Maria ihrem Sohn, der jetzt mit dem Vater regiert, gebieten könne, dieses oder jenes Gebet zu erhören, und vieles mehr, wovor fromme Gemüter zurückschrecken.* Bei den Protestanten aber ist es noch schlimmer. Dort haben die Geistlichen jegliche Freiheit verloren. Dort sind sie den politischen Behörden unterstellt, die rücksichtslos alle Abweichler *foltern, töten, aufhängen, enthaupten oder verbrennen.*[294]

Mit anderen Worten: Erasmus machte die Reformatoren dafür verantwortlich, dass die Schultheologie in Dogmatismus erstarrte und abweichende Glaubensmeinungen vermehrt blutig als Häresien verfolgt wurden. Tatsächlich führte diese Tendenz bekanntlich 1542 in der alten Kirche zur Erneuerung der Inquisition, während in protestantischen Gebieten die bisherige Selbständigkeit der Kirche gegenüber weltlichen Herrschaften straff geführten Obrigkeitskirchen mit all ihren Gefahren, insbesondere mit der Verfolgung von Sektierern, weichen musste. Kurz, Erasmus sah schon alle Kalamitäten des Konfessionalismus heraufziehen. Er verkannte nicht, dass es dafür zwei Seiten brauchte: für ihn ist die Kirchenspaltung Gottes Antwort auf die Sünden der ganzen Christenheit, auf die Laster und die Verbohrtheit auf beiden Seiten.

Jahrhunderte alte Missbräuche, klagte Erasmus, wollen die Reformatoren in nur neun Jahren beseitigen und bedienen sich dazu staatlicher Gewaltmittel, während die Apostel gewaltlos, langsam und fast unmerklich vorgingen. Nirgends wird berichtet, sie hätten Götterbilder zerstört. Sie wirkten durch ihre Predigt und einen vorbildlichen Lebenswandel und bekräftigten ihre Verkündigung durch Wunder. Die Reformatoren aber können keine Wunder vorweisen. Erasmus zweifelte auch an ihrem vorbildlichen Lebenswandel[295] und warf ihnen vor: Sie behaupten, alles in der Weise der Apostel einzurichten, und geben vor, die reinen Zustände der ersten Christengemeinden wiederherzustellen. Aber das ist absurd. Denn die vermeintlich reinen Zustände hat es nie gegeben. Schon Paulus musste gegen falsche Apostel, Uneinigkeit, Parteiungen, Zank und Laster schreiben. Damals wie heute gilt: Solange die Kirche durch die Flut dieser Welt segelt, muss sie die Bösen unter die Guten vermischt dulden. Das hat, betonte Erasmus, durchaus auch eine gute Seite. Denn gerade durch die Auseinandersetzung mit Häretikern hat die Kirche viel gelernt, solange sie sie gewaltlos, nur mit dem Schwert des Geistes bekämpfte.

Wie alles unter den Sterblichen hat auch die Kirche ihren Anfang, ihr Wachstum und ihre Vollendung. Sie jetzt plötzlich zu den Anfängen zurückzurufen, ist unsinnig. Es ist, als würde man einen erwachsenen Menschen zur Wiege und zum Kinderlallen zurückziehen. Zeit und Umstände bringen vieles vom rechten Wege, vieles verwandeln sie zum Besseren. Einst kamen einzelne Christen heimlich in Privathäusern zusammen, heute treffen sich alle in öffentlichen, geweihten Kirchen.

Was ist vorzuziehen, fragt er, um dann fast alle umstrittenen kirchlichen Gebräuche und Einrichtungen durchzugehen und Höhen und Tiefen ihrer geschichtlichen Entwicklung nachzuzeichnen. Er kommt zum Schluss: Paulus würde, wenn er im 16. Jahrhundert gelebt hätte, kaum die heutigen Einrichtungen kritisieren, sondern ihren Missbrauch, die Fehler der Menschen.[296]

Erasmus sieht sich nach wie vor in der Rolle des neutralen Beobachters, der Ratschläge erteilen kann und will. Eindringlich mahnt er: Beide Seiten, die Anhänger der Reformatoren und die der römisch-katholischen Kirche, sollen aufeinander zugehen, statt sich gegenseitig zu bekämpfen. Grundsätzliche christliche Glaubenswahrheiten kann und soll man einhellig bekennen, alles andere großzügig freigeben. Solche Adiaphora kann jede Gemeinde halten wie sie wolle. Bei Missbräuchen gilt es, die Krankheit abzustellen, nicht kranke Glieder zu amputieren. Im Übrigen müssen Menschen untereinander immer Kompromisse schließen und sich gegenseitig das eine oder andere zugestehen und nachsehen. Die Ursache der Spaltung, die Verderbnis des Klerus, ist zu beseitigen und Gott zu bitten, er möge alle Menschen in der evangelischen Wahrheit vereinigen.[297]

Erasmus ist jetzt kränklich und deprimiert. Kaum ein Zeitalter sei so gewalttätig gewesen wie seines, klagt er. Sechshundert rachsüchtige Erinnyen scheinen aus dem Orkus ausgebrochen. Politik und Kirche seien gleichermaßen krank. Wenn die Verantwortlichen doch nur Vernunft annehmen und die wahre evangelische Frömmigkeit wiederherstellen wollten, schrieb Erasmus in einem Brief von 1531.[298] Für die kirchliche Einheit skizzierte Erasmus Religionsgespräche, die ein von beiden Seiten beschicktes Konzil vorbereiten sollten. Solche Gespräche wurden tatsächlich bald aufgenommen, und Anhänger des Erasmus führten mit interessanten und kreativen Lösungen wiederholt eine Annäherung herbei. Aber die vom Kaiserhof unterstützten Einigungsversuche wurden bekanntlich immer wieder von Rom und Wittenberg aus torpediert. Die Kirchenspaltung dauert nun 500 Jahre an.[299]

Toleranz in Glaubensfragen

Mit Briefen an die Verantwortlichen sowie mit einer für Offenheit und Toleranz werbenden *Auslegung des Glaubensbekenntnisses* und mit einem Traktat *Über die Einheit der Kirche*, beide von 1533, versuchte Erasmus das Seinige zur Einigung beizutragen. Er veröffentlichte eine lange Liste von Empfehlungen und Kompromissvorschlägen. Da heißt es wieder besonders eindringlich: Beide Seiten müssen einsehen, dass sie Fehler gemacht haben, und beide sich gegenseitig entgegenkommen und etwas nachgeben. Das sei die Grundvoraussetzung für eine Einigung.[300]

Zu den einzelnen Streitpunkten erklärte Erasmus: Es ist müßig, über die Rechtfertigungslehre und den freien Willen zu streiten. Alle können doch anerkennen, dass die Menschen nichts aus sich selbst heraus vermögen, und, was immer sie vollbringen, ganz der Gnade Gottes schulden. Es ist der Glaube, der gerecht macht, aber, so betonte Erasmus viel häufiger und nachdrücklicher als Luther: Der von Gott geschenkte Glaube bringt notwendig gute Werke hervor. *Der wahre Glaube kann nicht untätig sein, weil er die Quelle und der Saatboden aller guten Werke ist.*[301] Alles bewirkt Gottes Gabe, dennoch kann der Begriff *Verdienst* verwendet werden, solange man darunter versteht, dass Gott als Verdienst anrechnet, was er selbst in uns bewirkt.[302] Sich auf seinen Glauben zu verlassen und leichtfertig zu sündigen, davor konnte Erasmus nicht genug warnen. Es gelte Christus nachzufolgen und sein Kreuz auf sich zu nehmen.[303] Erasmus riet, Gebete für die Toten zuzulassen, vor allem aber zu einem frommen Leben auf Erden zu ermahnen.[304] Die vielfältigen abergläubischen Praktiken im Heiligenkult seien aufzudecken, aber *eine fromme, einfältige Zuneigung sei einstweilen zu dulden, auch wenn sie mit irgendeinem Irrtum verbunden sei. Wenn auch die Heiligen unsere Gebete nicht hören, hört sie doch Christus, der gerade die einfachen Gemüter liebt.*[305] So geht es weiter, bis alle Streitpunkte durchbesprochen sind. Der wichtigste Grundsatz ist nach Erasmus: *Dass wir niemanden zu einem neuen Glauben nötigen, vor dem er zurückschreckt!*[306]

Die Schrift inspirierte bis ins 18. Jahrhundert hinein Ireniker, die sich für die Einheit der Kirche einsetzten. Sie haben aus ihr zitiert und die erasmischen Ideen weiterentwickelt; aber erst im Zuge der Aufklärung konnten sich seine Ideen breiter durchsetzen.

Auch zu den politischen Problemen, insbesondere zur Gewaltfrage, äußerte sich Erasmus von Freiburg aus nochmals mit einer Schrift zum Türkenkrieg, in die er neue Gesichtspunkte aufnahm. Er hatte seine bekanntesten ‹politischen› Schriften 1515–1517 in der Zeit seiner großen Hoffnungen geschrieben: Das Adagium *Dulce bellum inexpertis* (Süß ist der Krieg nur für die Unerfahrenen), die *Institutio principis Christiani* (Die Erziehung des christlichen Fürsten) und die *Querela pacis* (Die Klage des Friedens). Darin äußerte er neben vielen traditionellen durchaus auch unorthodoxe Meinungen. Aber die Aufgaben eines guten Fürsten, wie Erasmus sie aufzählte, wird kaum einer seiner Zeitgenossen bekrittelt haben. Da heißt es:

Schlechte Sitten sind durch gute Gesetze einzudämmen, entartete Gesetze zu korrigieren, schlechte aufzuheben. Für untadelige Beamte ist zu sorgen, korrupte sind zu strafen oder zu zügeln. Es müssen Maßnahmen gefunden werden, um schwache Gruppen möglichst wenig zu belasten und das eigene Land von Räubern und Verbrechern zu befreien, und zwar möglichst ohne Blutvergießen. Ein andauernder einträchtiger Zusammenhalt soll gefördert und gefestigt werden. Dazu kommen unbedeutendere Tätigkeiten, die dennoch eines großen Herrschers nicht unwürdig sind, etwa Städte zu bereisen, allerdings mit dem Ziel, alles zu verbessern. Der Herrscher möge zu wenig befestigte Städte ummauern und sie mit öffentlichen Gebäuden schmücken, auch an Brücken, Säulenhallen, Kirchen, Uferwege und Wasserleitungen ist zu denken. Verpestete Orte und ungesunde Gegenden könnte er reinigen, sei es durch Änderung von Gebäuden oder durch Trockenlegung von Sümpfen, gefährlich fließende Gewässer umleiten, das Meer zum allgemeinen Nutzen entweder einlassen oder eindämmen. Er soll dafür sorgen, dass verödete Äcker bestellt werden, damit die Jahreseinkommen steigen, zu wenig ertragreiche mag er anders bebauen lassen, damit nicht an einem für den Weinbau ungeeigneten Ort, wo Getreide gedeihen könnte, Wein angebaut wird. Solcherart gibt es tausenderlei Erfreuliches, womit ein guter Herrscher sich angenehm beschäftigen kann, so dass er es nicht nötig hat, aus langer Weile einen Krieg anzufangen.[307]

Aber nicht nur aus langer Weile darf nach Erasmus der Fürst keinen Krieg anfangen. Der Krieg sei so schädlich und bringe so viele Übel, dass er, wo immer möglich, überhaupt zu meiden sei, *auch wenn es der gerechteste Krieg wäre, falls überhaupt ein Krieg gerecht zu nennen ist*. Der Fürst soll alle Gefühle ausschalten und nur mit der Vernunft entscheiden. Die Vernunft wird ihn überzeugen, dass selbst ein siegreicher Krieg keine Vorteile bringt. Vor allem aber sei dies zu bedenken: *Die gesamte Lehre Christi ist gegen den Krieg gerichtet.*[308] Es könne also für Christen keine gerechten Kriege geben. Sich auf die Kriege des Alten Testamentes zu berufen, die Gott selbst angeordnet habe, sei unstatthaft, denn: *Den Juden war vieles gestattet, was den Christen nicht erlaubt ist.*[309] So griff Erasmus die Lehre vom gerechten Krieg an. Das hat außer ihm im 16. Jahrhundert kaum jemand gewagt und ihm hat es schwere Häresievorwürfe eingebracht. Seit Augustin galten Kriege als gerecht, wenn sie Unrecht bekämpften, sei es weltliches oder geistliches Unrecht, seien es also Kriege gegen Usurpatoren oder Andersgläubige. Aber auch Eroberungskriege können nach Augustin gerecht sein, sofern sie von rechtmäßigen Regierungen mit guten Gründen angefangen werden. Gerechte Kriege würden grundsätzlich dem Frieden dienen, und es dürfe mit gutem Gewissen gekämpft werden.[310] Das fand Eingang ins Kirchenrecht. Bei Gratian galten alle Kriege, die zum Wohle des Staates geführt werden, als gerecht.[311] Militärische Gewalt war nicht stigmatisiert.

Hatte doch selbst der Apostel Paulus erklärt, die Obrigkeit trage ihr Schwert nicht umsonst. Sie sei eine Rächerin zum Zorngericht für den, der Böses tue. Christen hätten ihr nicht nur willig Steuern zu zahlen, sondern ihr auch zu gehorchen (Röm 13,1–7). Erasmus gab das natürlich durchaus zu, aber hier diente ihm wieder sein historischer Ansatz, um die Aussage des Apostels zu relativieren: *Das ist auf die heidnischen Herrscher zu beziehen, denn damals gab es noch keine christlichen Herrscher. Der Petrusbrief gebietet, gottlose Beamte zu ertragen, damit die Staatsordnung nicht durcheinandergerate, sofern sie nur ihr Amt ausüben und nichts Gottloses befehlen.* – Verlangen sie Gottloses, muss der Leser folgern, war offenbar Widerstand erlaubt. – Von den Christen und damit auch von den christlichen Herrschern, fährt Erasmus fort, sagt Paulus etwas ganz anderes: *Seid niemandem etwas schuldig, außer dass ihr einander liebet* [Röm 13,8].[312] Gegenseitige Liebe aber schloss für Erasmus eine absolute Herrschaft und eine absolute Gehorsamspflicht aus. Erasmus hat denn auch – im Gegensatz zu Luther – offen zum Widerstand aufgerufen, insbesondere gegenüber einem kriegslüsternen Fürsten; da soll *der Gemeinsinn der Bürger die ehrgeizigen Pläne* [des Fürsten] *vereiteln.*[313]

Republikanische Freiheit

Aber auch die Beziehungen der Herrschenden zu den Untertanen waren betroffen, wenn die Obrigkeit sich an Christus orientierte:

Da die Natur alle Menschen als Freie geboren hat und die Knechtschaft naturwidrig ist, was sogar die heidnischen Gesetze zugestehen, überlege dir doch einmal, wie unpassend es ist, wenn ein Christ die Herrschaft über Christen beansprucht. Wollen doch nicht einmal die Gesetze sie zu Sklaven machen und hat sie doch Christus von jeder Form der Knechtschaft erlöst. [...] *Wie absurd ist es, die als Sklaven zu halten, die Christus durch dasselbe Blut erlöste, mit dir in eine gemeinsame Freiheit einsetzte, mit dir zusammen mit denselben Sakramenten nährt und zum selben Erbe der Unsterblichkeit berief! Solltest du jene unter das Joch der Knechtschaft führen, die mit dir denselben Herren und König haben, Jesus Christus?*[314]

Erasmus hat sich für eine republikanische Freiheit eingesetzt. Sogar in seinem Werk zur richtigen Prinzenerziehung, das er 1515 dem späteren Kaiser Karl V. gewidmet hatte, hat er eine gemischte Staatsform empfohlen:

Wenn ein vollkommener Fürst alle Tugenden vereinigte, dann wäre eine reine und einfache Monarchie erstrebenswert. Ich weiß aber nicht, ob das je der Fall sein wird. Darum ist etwas Anderes eher angebracht und wünschenswert. Solange nur ein gewöhnlicher Herrscher vorhanden ist – und so ist es doch nun einmal unter uns Menschen – sollte die Monarchie besser mit demokratischen und aristokratischen Anteilen eingedämmt werden, damit sie nicht in eine Tyrannis ausartet, sondern die Elemente sich so gegenseitig ausgleichen. Unter einer solchen Regierung hätte der Staat Bestand. Wenn der Herrscher dem Staat wohl will, wird er das so auslegen, dass seine Macht dadurch nicht eingeengt, sondern unterstützt wird. Wenn er dem Staat aber nicht wohl will, dann ist es umso besser, dass es etwas gibt, was die Macht eines Einzelnen erschüttert und einschränkt.[315]

Immer wieder kam Erasmus darauf zurück, dass die Bürger freie Menschen sind. *Verächtlich ist es, über dumpfes Vieh und in Sklaverei Getriebene zu herrschen*, rief er emphatisch aus.[316]

Erasmus war sich auch 1515 darüber im Klaren, dass die Fürsten seiner Zeit seinem Idealbild von christlichen Herrschern nicht entsprachen. Aber er glaubte hochgemut, die Menschheit sei erziehbar und auch Fürsten könnten und sollten zum Besseren angeleitet werden. Darum zog er nicht die Konsequenz, die zwei Jahre zuvor Niccolò Machiavelli, der Vollblutpolitiker, nach Misserfolgen, Gefängnis und Folter zog. Verächtlich erklärte der Florentiner: Viele hätten sich Republiken ausgedacht, die nie jemand gesehen habe. Denn die Art und Weise, wie die Menschen leben sollten, sei eben ganz anders als die Art, wie sie tatsächlich lebten. Darum richte man sich besser nicht danach, wenn man einen Staat nicht ins Verderben stürzen, sondern erhalten wolle. Denn wer immer nur das Gute wolle, werde von den vielen Schlechten zugrunde gerichtet. Darum müsse ein Herrscher, der sich durchsetzen wolle, fähig sein, wenn nötig unmoralisch zu handeln.[317]

Aufgrund seiner Erfahrungen hat Machiavelli in das abendländische Denken die Staatsraison eingeführt, für die andere Normen zu gelten hätten als für ein Leben in der Nachfolge Christi. Erasmus aber forderte gerade ein Leben in der Nachfolge Christi voll Hingabe und Verzicht auch für die Fürsten. Um des Friedens willen legte er ihnen nahe, Herrschaftsansprüche aufzugeben oder gar einen Amtsverzicht ins Auge zu fassen.[318] Machiavelli dagegen empfahl ein machtbewusstes und staatsmännisches Handeln auch mit gewaltsamen Mitteln bis hin zum Krieg, um eine stabile Herrschaft zu sichern. Solchen Überlegungen verschloss sich Erasmus ebenso wie denen der Reformatoren mit ihren *zwei Reichen* (Luther) oder *zwei Gerechtigkeiten* (Zwingli), die sie scharf unterschieden, um dem Gewaltanspruch der Obrigkeiten auch in christlichen Gemeinwesen Raum zu geben. Demnach hatte sich der Christ privat und als Individuum nach den Vorschriften Christi zu richten, die ihn mahnten, Böses nicht mit Bösem zu vergelten, als Amtsträger einer Regierung aber konnte er getrost zum Schwert greifen und Kriege führen, wenn die Kriegsgründe denn ‹gerecht› waren. Erasmus hat sich solchen Unterscheidungen zwischen privatem und im öffentlichen Amt verantwortbarem Handeln verweigert. Aber er lehnte auch nicht mit einigen Täufern seiner Zeit jede herrschaftliche Autorität für eine christliche Gemeinschaft ab. Er auferlegte ihr vielmehr, nach bestem Wissen und Gewissen in christlicher Nächstenliebe für Ruhe und Ordnung zu sorgen und zwar besser vorbeugend durch Erziehung als erst nach Gesetzesübertretungen durch Strafen. *Zunächst ist mit vernünftigen Argumenten zu arbeiten, damit überhaupt niemand erst Verbrechen begehen will, dann mit der Furcht der Übeltäter vor der abschreckenden göttlichen Vergeltung und schließlich mit einer Strafe zu drohen. Erst wenn das nichts nützt, sind Strafen zu verhängen, aber leichte, die dem Übel abhelfen, ohne den Menschen zu verderben.* Todesstrafen sollen, wo immer möglich, vermieden werden.[319]

Erasmus konnte und wollte die Gewaltfrage nicht systematisch lösen und den Obrigkeiten keine griffigen Normen liefern, wann Gewaltanwendung erlaubt sei. Grundsätzlich war sie nach seiner Sicht für Christen verboten, nur im äußersten Notfall durfte sie zum Schutz der Bürger angewendet werden. Wann dieser Fall eintrat, war nicht systematisch nach feststehenden Grundsätzen, sondern nach den jeweiligen Umständen zu entscheiden.

Eindeutig war Erasmus jedoch, wenn es um Kriege unter christlichen Staaten ging, wie beim Kampf um Italien, in den einzugreifen sich bekanntlich selbst Päpste nicht scheuten. Kriege unter Christen lehnte er grundsätzlich ab.

Europa sah er als Einheit. Europa war für ihn das christliche Abendland, in dem es nicht darauf ankam, ob man unter dieser oder jener Obrigkeit lebte. Für ihn war es *ein Haus, das alle umfasst und das einen gemeinsamen Herrscher hat,* nämlich Christus, dem alle dienen.[320] Platon habe sich geweigert, *Krieg zu nennen, was Griechen gegen Griechen anzettelten. Das sei Aufruhr.* [...] *Die Gesetze der Heiden stürzten den, der sein Schwert mit Bruderblut besudelte, eingenäht in einen Sack in die Fluten. Sollten etwa die, welche Christus verbunden hat, weniger als Brüder gelten als Bluts-*

verwandte? Und trotzdem gibt es bei uns sogar eine Belohnung für den Brudermord.[321] Für Erasmus war die Tötung eines Christen, ob im Krieg oder im Frieden, Brudermord. Um das zu verhindern, sollten die Herrscher ein für alle Mal übereinkommen, *was jeder verwalten soll. Die einmal festgesetzten Herrschaftsgrenzen dürfen weder Heiratsallianzen vergrößern oder verkleinern, noch Verträge außer Kraft setzen.*[322] Wenn es dennoch unter den christlichen Staaten zu Streitigkeiten kommen sollte, dann sollten sie sich auf ein Schiedsgericht einigen. *Gebildete Männer* sollten dann aufgrund von Gesetzen ein Urteil sprechen.[323]

«Menschenrechte»

Ambivalenter war Erasmus, was die Bedrohung durch die Türken betraf. In den frühen Friedensschriften von 1515–1517 riet er dringend ab, mit den Türken Krieg zu führen, besser sei es, sie zu missionieren. Schließlich hätten die Apostel nicht mit dem Schwert gekämpft, sondern die Welt mit ihrer Predigt erobert. Christus sei für alle Menschen gestorben. *Hältst du es etwa für eine christliche Tat, wenn du Menschen, meinetwegen gottlose* [...] *mordest, aber doch immerhin Menschen, für die Christus, um sie zu erlösen, gestorben ist? So bringst du dem Teufel ein Opfer, und zwar ein doppeltes, es wird ein Mensch getötet, und es ist ein Christ, der tötet.*[324] Ob gläubig oder ungläubig, für Erasmus hatten alle Menschen ein Lebensrecht, ein Gedanke, aus dem wenig später, naturrechtlich begründet, das Völkerrecht und Jahrhunderte später die Menschenrechte entwickelt wurden.

Betroffen von den erschreckenden Nachrichten seiner vielen Freunde im von den Osmanen besetzen Ungarn nach der Schlacht von Mohács (1526) war auch Erasmus bereit, den umlaufenden Berichten über abscheuliche Gräueltaten der Türken zu glauben.[325] Mehr und mehr erwog nun auch er einen Krieg gegen die Türken. 1529 standen die Türken vor Wien. Da entschloss sich Erasmus, einen *Ratschlag für den Türkenkrieg* zu schreiben. Wie begründete er das? *Den Türken nicht zu widerstehen*, erklärte er, *würde nichts anderes bedeuten, als die Sache Christi den schrecklichsten Feinden auszuliefern und somit unsere Brüder, die in eine unwürdige Sklaverei gepresst sind, im Stiche zu lassen.*[326] Erasmus ging es um die Brüder und Schwestern. Sie im Stiche zu lassen, bedeutete 1530 für ihn, ihnen den Schutz, der jedem Menschen zu gewähren ist, vorzuenthalten. Aber er wollte damit keineswegs das Gebot der Feindesliebe und Christi Mahnung, Böses nicht mit Bösem zu vergelten, aufheben. Es gelte auch im Kampf, Gottes Gebote zu halten und unter Christi Augen *mit christlicher Sanftmut* und *mit so wenig Blutvergießen wie möglich* zu streiten. Der Krieg sei so zu führen, dass die Gegner sich am Ende freuen, Besiegte zu sein, und aus Türken Christen werden.[327] Erasmus mahnte also bereits eine menschliche Kriegführung an, die auch die Kombattanten einbezieht. – Ein Abkommen, das auch die Kampftruppen in einen gewissen Schutz mit einschließt, wie ihn Erasmus hier andeutete, wurde erst 1907 in das Kriegsvölkerrecht aufgenommen.

War Erasmus ein weltfremder Idealist, der nichts von Politik verstand und dessen Ratschläge besser belächelt als befolgt würden? Manche seiner Zeitgenossen sahen das so, aber durchaus nicht alle. Kein geringerer als Mercurino Gattinara, der langjährige und mächtige Kanzler Kaiser Karls V., attestierte ihm: Wer immer zur Partei derer gehört, die *nur nach Gottes Ehre und nach dem Staatswohl fragen*, hält sich an Erasmus.[328] Erasmus' Friedensschriften wurden schon zu seinen Lebzeiten übersetzt und auch, nachdem sie 1559 auf den Index der verbotenen Bücher gekommen waren, weiterverbreitet. Im 17. Jahrhundert erlebten sie eine Renaissance, und einige werden bis heute aufgelegt.[329]

Die hochfliegenden Pläne und das Vertrauen in ein besseres Zeitalter waren Erasmus zerronnen, aber er hielt dennoch an seinem Ideal fest als dem einzigen Mittel für eine Besserung. War das Friedensreich Christi nicht mehr zu predigen, weil die Menschen Christus, den sie einst gekreuzigt hatten, auch heute nicht nachfolgten? War die Hoffnung auf Gottes kommendes Reich aufzugeben, weil das zeitgenössische Reich sich in Kriegen und Glaubenskämpfen zerfetzte? So sehr Erasmus unter den Kämpfen litt, seine Hoffnung gab er nicht auf: *Das Übel wäre zu heilen, wenn beide Stände des Kaiserreiches* [der geistliche und der weltliche] *mit aufrichtigem Herzen zusammenkämen, um die evangelische Frömmigkeit zu erneuern.*[330] So schrieb Erasmus 1531 an Julius Pflug und versuchte ihn für seine Pläne zu Gesprächen zwischen den Glaubensparteien zu gewinnen. Pflug nahm die erasmischen Ideen auf, er war 1541 einer der Wortführer am Religionsgespräch von Regensburg, wo sich die Unterhändler beider Parteien in vielen Punkten, insbesondere über die Rechtfertigungslehre, einigen konnten. Das Römische Konsistorium und Martin Luther verweigerten aber ihre Zustimmung. Erst 1999 konnten der Präsident des Päpstlichen Rates zur Förderung der Einheit der Christen und der Präsident des Lutherischen Weltbundes eine gemeinsame offizielle Erklärung zur Rechtfertigungslehre unterzeichnen.

Alles ist im Wandel

Erasmus war inzwischen ein alter Mann geworden, immer wieder sprach er von seinem Tod. 1534 verfasste er eine Schrift über die *Vorbereitung auf das Sterben*. Soweit es seine Gesundheit zuließ, arbeitete er weiter. Er gab neue *Colloquien* in den Druck, erweiterte die *Anmerkungen* zu seinem *Neuen Testament* und vollendete den *Ecclesiastes*, eine Predigtlehre, die er schon 1519 begonnen hatte. Diese Anweisung für Prediger, von einem Kleriker geschrieben, der selbst vermied zu predigen, schwoll zu einer vierbändigen, für moderne Leser allzu weitschweifigen Schrift an. Trotzdem wurde sie weitherum gelesen und gefeiert als ein Werk, das die Wortverkündigung der Zeit erneuern konnte. Nach Erasmus hat der neue Prediger nichts mehr mit scholastischen Spitzfindigkeiten zu schaffen und verwirft die übliche Themenpredigt; stattdessen wird er die Bibeltexte im Zusammenhang auslegen und die Regeln der antiken Rhetorik auf die Wortverkündigung anwenden, wie es schon griechische und lateinische Kirchenväter der ersten nachchristlichen Jahrhunderte taten, deren Werke Erasmus neu im Druck herausgegeben hatte. Vor ihrer überbordenden Allegorese wird der neue Prediger sich freilich hüten. Er ist sich bewusst, dass er in einer anderen Zeit lebt als die Verfasser der Bibeltexte. Deutlich machte Erasmus seinen Lesern nochmals am Ende seines Lebens klar, in wie großem historischen Abstand sie von den Grundlagentexten der

Christenheit stehen und wie sehr sich Umstände und Mentalitäten geändert haben. Er erklärte:

Die Gewalt der Zeit ist groß. Sie verwandelt nicht nur die Dinge, die nach Meinung derer, die sie eingeführt haben, feststehen, sondern auch solche, die in sich solid sind, in einen anderen Zustand. Es ist, als ob die Missgunst der Natur gleichsam sicherstellt, dass nichts mit Gewissheit überliefert werden kann. Nichts kann schriftlich den Nachfahren mit unzweifelhafter Zuverlässigkeit weitergegeben werden. Denn alles verändert sich. *Wo einst eine Ebene war, ist heute ein Berg, ein See, wo einst eine Stadt stand.* Nicht einmal *auf die Bäume und Sträucher passt heute noch die Beschreibung der Alten.*[331]

Wer die alten Texte auslegen will, muss sich zunächst eine große Kenntnis der damaligen Zeitumstände aneignen, um sie angemessen verstehen zu können. Erst in einem zweiten Schritt kann er daran denken, das damals Bezeugte passend in seine eigene Zeit zu übersetzen. Auch dafür muss er sorgfältig *auf die Umstände der Zeit, des Ortes und der Personen achten*, diesmal mit Blick auf seine zeitgenössische Hörerschaft.[332] Nur so wird er sein Ziel erreichen, die Hörer zur Gottes- und Nächstenliebe zu entflammen.

Das Werk *Ecclesiastes* hatte einen enormen Einfluss; gleichsam *über Nacht* (O'Malley) verschwand die dreihundert Jahre lang vorherrschende scholastische Themenpredigt. Katholiken wie Protestanten haben sie nach der Publikation des *Ecclesiastes* abgelehnt.[333] Um den Druck dieser Predigtlehre und der letzten Ausgabe seines *Neuen Testamentes* zu überwachen, war Erasmus nach Basel zurückgekehrt, nachdem man dort ein vermittelndes Abendmahlsverständnis zugelassen hatte. Er wohnte im gastfreien Haus seines Druckers Hieronymus Froben. Er wollte nur zeitweilig zurückkehren, blieb dann aber, zunehmend schwach und bettlägerig, über ein Jahr in der ihm lieb gewordenen Stadt bis zu seinem Tod. Inzwischen hatten sich die Feindschaft und Unversöhnlichkeit der Religionsparteien immer mehr verfestigt. Zwingli war 1531 in der Schlacht von Kappel gefallen, in der sich die Reformierten und die zur römischen Kirche haltenden Stände der Eidgenossen bekämpft hatten. Luther hatte sich definitiv nicht nur von Rom, sondern auch von den Reformierten losgesagt und seine Anhänger protestierten 1529 gegen die Durchsetzung des Wormser Ediktes und verbündeten sich nach dem Reichstag in Augsburg gegen Kaiser und Papst. Erasmus aber stand zwischen den verfeindeten Parteien. In allen Lagern hatte er Gegner, verbitterte Feinde, aber auch Verehrer. Im protestantischen Basel hieß man ihn mit allen Ehren willkommen. Die Universität spendete zwei Kannen Malvasierwein und Konfekt zum Begrüßungsempfang. Aber die Willkommensrede misslang, obwohl man den forschen, hochgebildeten und gewandten Drucker Oporin zum Redner bestimmt hatte. Er drückte während seines wohlvorbereiteten Panegyrikos Erasmus die Hand zu kräftig. Der schrie auf: *Lass ab, ich leide an der Gicht.* Oporin war so betroffen, dass er die angefangene Rede nicht zu Ende bringen konnte.[334]

Im reformierten Zürich schöpfte man, nachdem Erasmus nach Basel zurückgekehrt war, neue Hoffnung, er könne doch noch der reformierten Kirche beitreten. Der Basler Antistes Myconius solle bei allen Vorbehalten, die er habe, den berühmten Gast ja freundlich empfangen: *Was, wenn der ganze Mann im Alter endlich zu uns übergehen würde,* fragte Heinrich Bullinger hoffnungsvoll.[335] Luther dagegen bezeichnete Erasmus in einem 1534 publizierten Brief als *diabolum incarnatum*, als den fleischgewordenen Teufel, er zerstöre mit seinen zweideutigen dogmengeschichtlichen Hinweisen die christliche Religion.[336] Aber auch ein Humanist wie Julius Caesar Scaliger nannte ihn einen *Feind Jesu Christi*, dazu einen *Säufer und Parasiten*,[337] und die orthodoxen Theologen in Köln, Löwen und Paris hatten ihre abschätzige Meinung über ihn nicht geändert: Erasmus blieb für sie ein Häretiker. Dennoch trug ihm der neugewählte Papst Paul III. einen Kardinalshut an. Erasmus hatte dem Kirchenoberhaupt geraten, einen vorsichtigen Mittelweg zwischen den Parteien zu wählen, sich keiner Seite anzuschließen, in einem Konzil nur die wichtigsten Fragen zu behandeln und vieles offen zu lassen, würden doch unterschiedliche Zeremonien die Eintracht der Kirche nicht zerbrechen. *Es gibt Überzeugungen, bei denen es erlaubt sei, verschiedener Meinung zu sein, ohne dass dadurch der Frieden in der Christenheit zerstört werde. Hilfreich wäre es auch, den Sektierern Hoffnung zu machen, auch sie könnten etwas durchsetzen, sofern sie forderten, was recht und billig ist.*[338]

Erasmus kommentierte das ehrenvolle Angebot aus Rom so: *Weil der Papst festsetzte, es seien für das kommende Konzil einige Gebildete für das Kardinalskollegium auszuwählen, wurde auch Erasmus vorgeschlagen. Aber man machte Hindernisse geltend, der Gesundheitszustand sei für die Aufgabe zu schlecht und das Einkommen zu niedrig. Sie behaupten nämlich, es sei ein Senatsbeschluss, wonach die von der Kardinalswürde auszuschließen seien, deren Jahreseinkommen unter 3000 Dukaten betrage. Jetzt unternehmen sie allerhand, um mir Pfründen aufzubürden, um, wenn ich erst das richtige Einkommen habe, mich ins Pupurkleid zu stecken. Ein Prunkkleid für die Katze, wie das Sprichwort sagt.*[339]

Der Papst folgte Erasmus' Rat, vermittelnd in die Parteikämpfe einzugreifen und für gegenseitige Duldung einzutreten, nicht, und Erasmus schlug die angetragenen Pfründen und den Kardinalshut aus. Aber die Anfrage zeigt doch, wie viel Ansehen Erasmus noch in breiten Kreisen genoss.

VIII Tod und Nachwirkung

In der Nacht vom 11. auf den 12. Juli 1536 starb Erasmus. Wie die Anwesenden berichteten, starb er so, wie er es in seiner Schrift zur Vorbereitung auf den Tod empfohlen hatte. Er bat Gott um Erbarmen und vertraute sich ihm an. *Lieve God*, lieber Gott, waren seine letzten Worte in seiner niederländischen Muttersprache.

In Basel erhielt er ein ehrenvolles Begräbnis im Münster, obwohl in der Stadt seit der Reformation aller Totenkult verboten war. Es war den Stadtvätern offenbar klar, dass hier eine Ausnahme zu gewähren sei. 1538 war auch ein Epitaph fertig, das heute, allerdings nicht mehr am gleichen Platz, aber immer noch im Basler Münster steht. Sogar mit seinem Begräbnis entfaltete Erasmus also eine nachhaltige Wirkung und diesmal schnell. Die Stadtväter ließen schon wenige Jahre später wieder Grabtafeln zu. Was sie Erasmus zugestanden hatten, konnten sie anderen nicht verweigern.

Der Grabstein ehrt Erasmus mit einer klassischen Inschrift – zu Deutsch nach Emil Major – so:

Christus dem Erlöser geweiht.

Dem Desiderius Erasmus von Rotterdam, dem allseits großen Manne, dessen unvergleichliche, mit ebensolcher Klugheit gepaarte Beherrschung jedes Wissensgebietes die Nachwelt bewundern und rühmen wird. Ihrem gütigen Gönner haben Bonifacius Amerbach, Hieronymus Froben und Nicolaus Episcopius, der Erbe und die bestellten Vollstrecker seines letzten Willens diesen Stein gesetzt, um seinen sterblichen Körper zu verwahren, nicht etwa seinem Andenken zuliebe, denn das hat er durch seine veröffentlichten Werke unsterblich gemacht, in denen er, solange die Welt steht, weiterleben und mit den Gelehrten aller Völker reden wird. Er starb, schon siebzig Jahre alt, am 12. Juli im Jahre 1536 nach Christi Geburt.[340]

Erasmus hatte in seinem Testament seinen Nachlass für die Unterstützung von bedürftigen Alten und Gebrechlichen, für die Aussteuer armer junger Mädchen sowie für die Ausbildung unbemittelter Studenten bestimmt. Das haben sein Erbe und seine beiden Testamentsvollstrecker treu ausgeführt. Der

Fonds für Stipendien soll noch im letzten Jahrhundert existiert haben. Aber sie taten noch mehr. Damit Erasmus umso besser mit den Gelehrten aller Völker reden könne, haben sie auf seinen Wunsch hin und nach seinen Vorstellungen eine Gesamtausgabe seiner Werke herausgegeben, die 1540/41 in neun Bänden erschien. So legten sie das Fundament für die Nachwirkung seines Lebenswerkes, das bis heute alle inspiriert, die sich für ein offenes, weltzugewandtes Christentum oder für ein tolerantes Zusammenleben mit Andersdenkenden, für einen einfühlsamen Umgang mit anderen Kulturen, für eine kindgemäße Pädagogik, für eine freie Gesellschaft, eine gewaltfreie Politik und eine humane Rechtsprechung einsetzen.

In den heraufziehenden konfessionellen Kämpfen wurden allerdings schon zu seinen Lebzeiten Erasmus' Ideen mehr und mehr abgelehnt. Sein historischer Ansatz, der forderte, jeweils den zeitgenössischen und einmaligen Umständen entsprechend Entscheidungen zu fällen, war nicht gefragt. Die Menschen wollten klare, griffige und absolut gültige Regeln, nach denen sie sich richten konnten und die die eigene Identität gegenüber der anderen Konfession stärkten. Luther versuchte, Erasmus' Bücher von den Schulen fernzuhalten. In katholischen Landen wurden 1543 Werke von Erasmus erstmals verbrannt, und 1558/59 kam sein Gesamtwerk auf den Index der für alle römisch-katholischen Christen verbotenen Bücher.

Aber Rom musste den Beschluss revidieren und wenigstens bereinigte Ausgaben zulassen. Die Lehrenden konnten weder an den Schulen noch an den Universitäten auf seine Werke ganz verzichten. Im protestantischen Wittenberg forderte Melanchthon schon bald nach Luthers Tod seine Studenten wieder auf, Erasmus zu lesen, und die Lehrer an den Schulen wollten nicht auf seine *Colloquien* verzichten. Auch in den dunkelsten Tagen verbitterter Religionskämpfe und härtester Intoleranz trugen Männer wie Michel Montaigne, Joseph Justus Scaliger, Justus Lipsius, Paul Merula sowie Hugo Grotius seinen Ruhm weiter. Für die Remonstranten wurde er richtungweisend. Einer von ihnen, Jean Le Clerc, legte Anfang des 18. Jahrhunderts Erasmus' Gesamtwerk neu auf. Die Aufklärer stürzten sich darauf, Voltaire genauso wie Lessing und die Enzyklopädisten. Sie verehrten

Bei mir heisst es
ENTWEDER ...
ODER !!
ich sage lieber:
"Sowohl als auch!"
... und im
schlimmsten
Fall:
"weder
noch!"

Erasmus als großes Vorbild für das von ihnen geforderte vorurteilslose Denken und eine auf Vernunft gegründete Gesellschaftsreform. Auch die Pietisten erkannten in ihm einen Vorläufer, einen Vordenker ihrer auf Innigkeit und tätige Nächstenliebe ausgerichteten Frömmigkeit und verbreiteten einzelne seiner Werke in Übersetzungen. Es folgten Klopstock, Herder und Goethe, die seinen Namen in die Stuben aller gebildeten Deutschen trugen, während in England sein Ruhm nie ganz verblasste, nachdem seine *Paraphrasen* schon 1547 unter Edward VI. zum Pflichtstudium jedes anglikanischen Geistlichen erklärt worden waren und eine Übersetzung in jeder Gemeinde zur Lektüre aufzuliegen hatte. Dort konnten die Aufklärer an eine fast ungebrochene Tradition der Erasmusverehrung anknüpfen. Den Romantikern freilich war Erasmus zu kosmopolitisch, zu nüchtern und zu maßvoll und den Anhängern der kirchlichen Orthodoxien, die sich entweder streng an die Tridentinischen Beschlüsse oder an ihre Reformatoren hielten, zu kühn und zu freidenkerisch. Aber sie konnten seinen Ruhm und seine Wirkung nicht eindämmen. Schulen und Universitäten wurden nach ihm benannt, im 20. Jahrhundert entstand die Erasmus Society, die sich ganz der Erforschung seines Werkes widmet, eine neue kommentierte lateinische Werkausgabe erscheint seit 1969 und eine in englischer Übersetzung seit 1974. Ein etabliertes europäisches Studentenaustauschprogramm trägt seinen Namen und seit Neuestem sind viele Erasmuswerke im Web abrufbar. Auch wenn Erasmus außer von Spezialisten nur noch in Übersetzungen und Anthologien gelesen wird oder auch nur einzelne Zitate bekannt sind, seine Ideen leben weiter und regen immer wieder an zu freiem, vorurteilslosem Denken und zukunftsträchtigen Reformen.

Anmerkungen

1 Compendium vitae: Allen I S. 47f.
2 Vgl. Simona Slanička, Bastarde als Grenzgänger, Kreuzfahrer und Eroberer. Von der mittelalterlichen Alexanderrezeption bis zu Juan de Austria, in: Werkstatt Geschichte 51 (2009), S. 5–22.
3 Compendium vitae: Allen I, S. 51.
4 Zu Erasmus: ASD I–3, S. 366:86–88 und 725:173–177; ASD IV–1A, S. 97:362–370. Zu Luther und Hexerei: WA Tr 2, Nr. 3979, S. 51f. Zu Melanchthon und Astrologie: Vgl. Beate Kobler, Die Entstehung des negativen Melanchthonbildes, Tübingen 2014, S. 410–420.
5 ASD I–3, S. 709:298–301. Vgl. die beiden Colloquien von 1524: Exorcismus sive spectrum und Alcumistica, ASD I–3, S. 417–423 und 424–429 und Allen, Ep. 2880:23–36.
6 WA 2, S. 491:7–9.
7 Allen, Ep. 798:19–28.
8 ASD I–3, S. 335:57–58.
9 Ebd., S. 335:88–94.
10 ASD I–3, S. 597:224–231.
11 ASD I–3, S. 334:29–34.
12 Allen, Ep. 447:440; vgl. auch Allen, Ep. 145:135.
13 ASD I–2, S. 54:24.
14 H, S. 135.
15 Vgl. J. K. Sowards, The Youth of Erasmus. Some Considerations, in: ERSY 9 (1989), S. 1f.
16 Allen I, S. 48:34–39 und 57:11–28. Zum Einfluß von Hegius, Synthen und Agricola vgl. Richard Joseph Schoeck, Erasmus grandescens. The Growth of a Humanist's Mind and Spirituality, Nieuwkoop 1988, S. 40–46.
17 ASD V–1, S. 56:473–480.
18 Gesangbuch der Evangelisch-reformierten Kirchen der deutschsprachigen Schweiz, 1998, Nr. 571, 8.
19 Vgl. Christine Christ-von Wedel, Erasmus von Rotterdam. Anwalt eines neuzeitlichen Christentums, Münster 2003, S. 26f.
20 Oda amatoria, ASD I–7, S. 330–332, Nr. 103.
21 Carmen bucolicum, ASD I–7, S. 321–329, Nr. 102.
22 Vgl. Christ-von Wedel, Erasmus of Rotterdam. Advocate of a New Christianity (Erasmus studies), Toronto 2013, S. 41f.; S. 186.
23 Allen, Ep. 55:15–50.
24 ASD I–2, S. 56:4.
25 ASD I–2, S. 58:11.

26 WA Tr 3, S. 415f.
27 WA 2, S. 170:20–25.
28 WA 15, S. 9–53.
29 LB V, c. 716. Vgl. Jean-Claude Margolin, Érasme et le problème social, in: Rinascimento XXIII (1973), S. 85–112.
30 ASD I–2, S. 72:24.
31 ASD I–2, S. 69:2.
32 Nach Heinz Schilling, Martin Luther. Rebell in einer Zeit des Umbruchs, München 2012, S. 454.
33 ASD I–3, S. 163:1242–1253.
34 ASD I–3, S. 171:1503–1535.
35 ASD I–3, S. 733:480–486.
36 Allen, Ep 1233:103–115.
37 Allen, Ep. 1830:15.
38 ASD, I–3, S. 407:151–156. Vgl. Christine Christ-von Wedel, «Digna Dei gratia clarissa anachorita», in: Zürichs letzte Äbtissin Katharina von Zimmern (1478–1547), Zürich 1999, S. 144–155.
39 ASD I–3, S. 327:71–78.
40 ASD I–3, S. 328:91.
41 ASD I–3, S. 329:136–140.
42 LB V, c. 729 B.
43 LB V, c. 710 C–F.; 713 C–D.; 749 E.
44 ASD I–3, S. 407:157.
45 LB I, c. 1044 A.
46 Allen, Ep. 64:57–66.
47 ASD II–7, S. 18:192–215.
48 Allen, Ep. 3127:16–18.
49 WA 1, S. 224–228.
50 Vgl. Anm. 185.
51 Allen, Ep. 108:34–41.
52 Allen, Ep. 1127:14–16.
53 Vgl. Christ-von Wedel (2013), S. 27–31.
54 Vgl. Christ-von Wedel (2003), S. 35–51.
55 Allen, Ep. 182:111–115.
56 Vgl. Christ-von Wedel (2013), S. 55–60.
57 Vgl. zum Julius exclusus: Silvana Seidel Menchi, Eine tragische Freundschaft. Julius, Erasmus, Hutten, in: Basler Zeitschrift für Geschichte und Altertumskunde 110 (2010), S. 143–164.
58 ASD I–3, S. 678:53–76.
59 LB V, c. 662 E.
60 LB V, c. 661. Zu Luther vgl. Heinz Schilling (wie Anm. 32), S. 511.
61 Vgl. Johan Huizinga, Erasmus, deutsch von Werner Kaegi, Basel 1951, S. 74.

62 WA 51, S. 634–662, bes. Nr. 70 und 86.
63 ASD II–1, S. 221 (Adagium I 2,9) und S. 222 (I 2,11); ASD II–2, S. 40 (I 6,16) und S. 134 (I 7,10).
64 Vgl. zum ganzen Abschnitt über das Lob der Torheit: Christ-von Wedel (2003), S. 69–78; dies. (2013), S. 61–76 und dies. Torheit und Häresie. Zum *Moriae Encomium* des Erasmus von Rotterdam, in: Bernd F. W. Springer und Alexander Fidora (Hg.), Religiöse Toleranz im Spiegel der Literatur. Eine Idee und ihre ästhetische Gestaltung, Münster 2009, S. 103–116.
65 Vgl. I Kor 1,18–31.
66 ASD IV–3, S. 104:580–585.
67 Ebd., S. 106:631–646.
68 Ebd., S. 144:381–385.
69 Ebd., S. 146:387–390.
70 ASD IX–3, S. 176; Allen, Ep. 337:507–517.
71 LB VII, c. 79 C–80 A.
72 ASD V–1, S. 252:368–372.
73 WA Br. 7, S. 31:89–97.
74 Allen, Ep. 308:1–5.
75 Allen, Ep. 295:4–12.
76 Allen, Ep. 296.
77 Allen, Ep 283:152–159. Vgl. Alexandre Vanautgaerden, Érasme Typographe. Humanisme et imprimerie au début du XVIe siècle, Genf 2012, S. 239–250.
78 Allen, Ep. 305:187–193.
79 Vgl. Vanautgarden (2012), bes. S. 493–495.
80 Allen, Ep. 308:5–12.
81 Vgl. Jerry H. Bentley, Humanists and Holy Writ. New Testament Scholarship in the Renaissance, Princeton 1983, S. 123 und zum ganzen Abschnitt: Christ-von Wedel (2003), S. 81–105 und dies. (2013), S. 79–96, sowie den im Druck befindlichen Vortrag: Die Nachwirkung des Neuen Testamentes von Erasmus in den reformatorischen Kirchen, in: Martin Wallraff u.a. (Hg.), im Druck, Basel 1516. Erasmus' Edition of the New Testament, Tübingen prbl. 2016.
82 Vgl. die Einleitung von Andrew J. Brown zu ASD VI–4, S. 30–111 und Henk Jan de Jonge, Erasmus and the Comma Johanneum, in: Ehpermides Theologicae Lovanienses 56 (1980), S. 381–389.
83 Novum instrumentum, Basel, Froben, 1516, Teil II, S. 241; ASD VI–5, S. 110–112; LB VI, c. 17/18. Vgl. Mt 3,2 und 4,17; vgl. Erika Rummel, Erasmus' Annotations on the New Testament. From Philologist to Theologian, Toronto 1986, S. 152.
84 WA I, S. 525:24–526:4 und 530:19–25. Vgl. Thomas Kaufmann, Geschichte der Reformation, Leipzig 2009, S. 193.

85 Novum instrumentum, Basel, Froben, 1516, Teil II, S. 432. ASD VI–3, S. 70, ASD VI-7, S. 136–159; LB VI, c. 585 B–C und die hilfreichen Anm. dazu aus CWE 56, S. 151f.

86 LB V, c. 622 C.

87 LB VI, c. 65 D; Herr Errasmus von roterdam/verteutschte außlegung/über das/göttlich tröstlich wort vnsers lieben Herren vnnd seligmachers Christi/Nement auff euch mein Joch/und lernent von mir [1521].

88 ASD VI/8, S. 274:158–219, bes. 169–181. Vgl. Christine Christ-von Wedel, Basel und die Versprachlichung der Musik, in: Christine Christ-von Wedel, Sven Grosse und Berndt Hamm (Hg.), Basel als Zentrum geistigen Austauschs in der frühen Reformationszeit, Tübingen 2014, S. 127–134.

89 Vgl. Erasmus Anmerkungen zu Eph. 5,19 und Kol 3,16, sowie die Paraphrasen dazu: LB VII, 986 C–D und LB VII, 1013 E–F.

90 1519/20 hatte auch Luther noch gefordert: Es sei alles abzutun, was menschlicher Eifer zur Stiftung Christi hinzugefügt habe: neben Messgewändern und Zierraten ausdrücklich auch Gesänge und Orgeln. WA 6, S. 354:25–355:24, vgl. auch WA 10, III, S. 333:1–15.

91 Vgl. zum ganzen Abschnitt: Christine Christ-von Wedel, Der Tempel im Haus. Zur Bedeutung der geistlichen Hausmusik zwischen Reformation und Idealismus, in: Zeitschrift für Schweizerische Archäologie und Kunstgeschichte, 61 (2004) Heft 4, S. 257–272, hier: 258–261 und dies., Zum Einfluss von Erasmus von Rotterdam auf Heinrich Bullinger, in: Emidio Campi, Peter Opitz (Hg.), Heinrich Bullinger. Life – Thought – Influence, Zürich 2007, S. 413–416.

92 Karl Buxtorf (Hg.), Die Reformationschronik des Karthäusers Georg, Basel 1849, S. 37f.

93 Vgl. Christoph Johannes Riggenbach, Der Kirchengesang in Basel seit der Reformation, Basel 1870, S. 13, sowie Beilage 2 und Wolfgang Suppan, Über Singen, Musizieren und Tanzen 1528 in der Steiermark, in: Leitmotive. Kulturgeschichtliche Studien zur Traditionsbildung. Festschrift für Dietz-Rüdiger Moser. Kallmütz 1999, S. 449–452.

94 Vgl. Christine Christ-von Wedel (wie Anm. 88), S. 127–134.

95 Meister Eckhardt, Die deutschen und lateinischen Werke, J. Quint (Hg.), Bd. 3, Stuttgart 1976, S. 481–486.

96 LB V, c. 761 C.

97 Vgl. Christine Christ-von Wedel, Die Perikope von Martha und Maria bei Erasmus und den Reformatoren, in: Zwingliana 27 (2000), S. 103–115.

98 ASD, I–3, S. 603–608, bes. S. 604:21; 605:63–67; 606:89,109 und 119; 608:158–166.

99 Vgl. Christ-von Wedel (prbl. 2016), wie Anm. 81.

100 Vgl. zu Erasmus' Textkritik: Jan Krans, Beyond What Is Written: Erasmus and Beza as Conjectural Critics of the New Testament, Leiden 2006.

101 Vgl. hierzu: Christ-von Wedel (2013), S. 79–96.

102 H, S. 157:25–128:5.
103 WA 18, S. 628:33–36; vgl Mt 28,19.
104 Zur Loci-Methode vgl. Christ-von Wedel (2013), S. 89–92.
105 H, S. 158:33–159:16.
106 Vgl. den Index locorum: Z III, S. 638.
107 Heinrich Bullinger, Summa Christenlicher Religion, Zürich 1558.
108 Vgl. Urs B. Leu, Aneignung und Speicherung enzyklopädischen Wissens. Die Loci-Methode von Erasmus, in: Christine Christ-von Wedel, Urs B. Leu (Hg.), Erasmus in Zürich, eine verschwiegene Autorität, Zürich 2007, S. 327–342.
109 Allen, Ep. 215:14–18.
110 Allen, Ep. 541:1–75.
111 Allen, Ep. 514:3.
112 Allen, Ep. 401.
113 Allen, Ep. 364:8–17.
114 ASD IX–1, S. 172:135–150.
115 Vgl. die Admissio Collegii Trilinguis, in: Henry de Vocht, History of the Foundation of the Collegium Trilingue Lovaniense 1517–1550, Löwen 1951, S. 413–415.
116 Die Vermessenheit (praesumptio) im Vertrauen auf Gottes Gnade zu sündigen, galt als unvergebbare Sünde gegen den Heiligen Geist.
117 Eine anerkannte christliche Wahrheit zurückzuweisen (impugnatio veritatis christianae agnitae), galt gleichfalls als Sünde gegen den Heiligen Geist.
118 Allen, Ep. 948:110–140; 198–215.
119 Allen, Ep. 505:8–14.
120 Übersetzt von Karl Riha (Hg.), Dunkelmännerbriefe. An Magister Ortuin Gratius aus Deventer, Frankfurt a.M. 1991, S. 126f.
121 ASD V–3, S. 269:90–110.
122 LB VII, c. 504 A. Vgl zum ganzen Abschnitt: Christ-von Wedel (2003) S. 190–192 und dies. (2013), S. 161f.
123 Z VI–1, S. 464.
124 WA 10,I/1, S. 150:21–23.
125 WA 33, S. 155–160, bes. S. 157:3–11.
126 ASD V–1, S. 242:110.
127 ASD V–1, S. 297:709–717. Vgl. Gen 18,1–3 und Off 19,10. Vgl. auch Christ-von Wedel (2003), S. 190f.
128 Vgl. die Einleitung von Erika Rummel in Collected Works of Erasmus, 72, Toronto 2005, S. XVf.
129 Ebd. S. XVII.
130 ASD IX–4, S. 43:590–596.
131 ASD IX–4, S. 59:41–58.
132 ASD IX–4, S. 60:71–75.

133 WA Br 2, S. 387:2–20.
134 WA 7, S. 5:11.
135 WA 6, S. 629:4–21.
136 WA 51, S. 469–572, bes. 510:23; 559:24; 495:25; 475:11–13.
137 WA Br 7, S. 34:240.
138 Allen, Ep. 785:37.
139 Vgl. z.B. ASD IV–3, S. 120:953–996.
140 Allen, Ep. 872:12–23.
141 Allen, Ep. 936:36–41 und Ep. 967:68–104. Vgl. zum Abschnitt: Christ-von Wedel (2003), S. 114f.
142 LB VI, c. 556 D; 558 C; 576 E; 577 F–578 C; LB VII, c. 786 E–787 B; 788 B–D; 788 E; 954 E; 961 B. Vgl. auch LB VII, 2 B–C und Christ-von Wedel (2013), S. 145–153.
143 Allen, Ep. 1033:92.
144 Allen, Ep. 1113:22.
145 Allen, Ep. 1634:85–89.
146 Erasmi Opuscula, Wallace K. Ferguson (Hg.), Den Haag 1933, S. 336f. Vgl. Christ-von Wedel (2013), S. 168–171.
147 Den Hinweis auf die gute Zusammenarbeit der Basler Drucker verdanke ich Frau Valentina Sebastiani.
148 H, S. 156:14–17. Vgl. hier und später zu Erasmus und die Reformatoren: Christ-von Wedel (2007), S. 77–165.
149 Ernst Gerhard Rüsch, Vom Humanismus zur Reformation. Aus den Randbemerkungen von Oswald Myconius zum «Lob der Torheit» des Erasmus von Rotterdam, in: Theologische Zeitschrift (39) 1983, S. 72.
150 Erwin Treu, Die Bildnisse des Erasmus von Rotterdam, Basel 1960, S. 40.
151 LB VII, c. 642f.
152 WA 28, S. 455:34f.
153 BSLK, S. 510f.
154 BSRK, S. 118:40–48.
155 ASD V–1, S. 236:904f.
156 LB VII, c. 497 E.
157 LB VII, c. 498 B.
158 WA 24, S. 100:3–11 und Zeilen 22–24.
159 Heinrich Bullinger, Das der Christen gloub von anfang der waelt gewaert habe, der recht waar alt vnnd vngezwyflet gloub sye, klare bewysung, Zürich 1539, folio B6v. Vgl. auch Bullingers Vorwort zur Lateinischen Bibel: Biblia Sacra utriusque Testamenti, Zürich 1539, folio A2r und A3v.
160 WA Br. 7, S. 34f.
161 Alfred Hartmann (Hg.), Die Amerbachkorrespondenz, Bd. II, Basel 1943, Nr. 879, S. 388:18–20; Wilhelm Vischer und Alfred Stern (Hg.), Chronik des Fridolin Ryff, Leipzig 1872 (Basler Chroniken I), S. 33f. Vgl. Rudolf Wackernagel, Geschichte der Stadt Basel, Bd. 3, Basel 1924, S. 328f.

162 BRA I, Nr. 104, S. 38; Nr. 105, S. 38–40; Nr. 129, S. 48–50.
163 ASD IX–1, S. 19–50, bes. S. 48:915–947. Vgl. die Einleitung von Cornelis Augustijn, ebd., S. 3–12.
164 Allen, Ep. 1315.
165 Allen, Ep. 1327.
166 Vgl. Christ-von Wedel (2007), S. 97.
167 Allen, Ep. 1342.
168 Allen, Ep. 1342:264.
169 Allen, Ep. 1342:45–50.
170 Allen, Ep. 1342:231–240.
171 Allen, Ep. 1342:281–286 und Zeilen 704–712.
172 Vgl dazu: Christ-von Wedel, Briefe des Erasmus, in: Martin Wallraff und Sara Stöcklin-Kaldewey (Hg.), Schatzkammern der Universität Basel, Basel 2010, S. 70.
173 Allen, Ep. 1342:712–714.
174 Allen, Ep. 1342:734–834.
175 WA 18, S. 635; 782. Vgl zur Willensfrage; Christ-von Wedel (2003), S. 167–181 und dies. (2013), S. 169–182.
176 LB IX, c. 1215–1218 C und c. 1244 E.
177 ASD V,1, S. 122:36–40.
178 Vgl. Anm. 142.
179 Zitat: Allen, Ep. 1804:97–99. Vgl. Christ-von Wedel (2013), S. 169–180.
180 Allen, Ep. 1697:7–15.
181 LB IX, c. 1215 D.
182 WA 18, S. 605:15–34.
183 WA 46, S. 545:18–22.
184 H, S. 234:7–10.
185 Vgl. Christine Christ-v. Wedel, Das Nichtwissen bei Erasmus von Rotterdam. Zum philosophischen und theologischen Erkennen in der geistigen Entwicklung eines christlichen Humanisten, Basel 1981, bes. S. 101–105; Christ-von Wedel (2007), S. 104–106.
186 Vgl. Richard H. Popkin, The History of Scepticism. From Savonarola to Bayle, Oxford 2003.
187 WA 18, S. 605:1–20.
188 LB X, c. 1258 A–1263 B und Allen, Ep. 1737:14–26. Vgl. Christ-von Wedel (2013), S. 129f.
189 Allen, Ep. 1523:24–62.
190 Ebd., Zeilen 54–57.
191 Ebd., Zeilen 12–16.
192 Ebd., Zeilen 84–87.
193 ASD I–3, S. 473:80–474:126.
194 Vgl. Christine Christ-von Wedel, Das Selbstverständnis des Erasmus von Rotterdam als «Intellektueller» im städtischen Kontext des 16. Jahr-

hunderts, in: Documenta Pragensia XXVII (2008), S. 243–254, hier: S. 243–248.

195 Allen, Ep. 1539.

196 BRA I, Nr. 400–410.

197 Zum Abendmahlsstreit vgl. Christ-von Wedel (2007), S. 115–134.

198 Allen, Ep. 1636.

199 LB VII, c. 551 C.

200 LB VII, c. 133 E.

201 LB VII, c. 897 B–C.

202 Allen, Ep. 1737:23.

203 Vgl. Allen, Ep. 1692 und Ep. 1717:19–30.

204 Allen Ep 1644. Der Brief ist auf den 18. März 1527 zu datieren. Vgl. CWE 12, S. 485.

205 Vgl. Emil Egli (Hg.), Actensammlung zur Geschichte der Zürcher Reformation in den Jahren 1519–1533, Zürich 1879, Nr. 499; 975; 1532; 1535; Alfred L. Knittel, Die Reformation im Thurgau, Frauenfeld 1929, S. 35.

206 BRA II, Nr. 740, S. 721:8–11. Vgl. Auch ebd. Nr. 728 und BRA III, Nr. 60, S. 50f und Nr. 87, S. 68.

207 ASD I–3, S. 334–348.

208 Vgl. Anm. 209; 219 und 226.

209 Allen, Ep. 1800:234–280. Vgl. Röm 11,25–32.

210 WA 56, S. 436:25–439:29. Auch Zwingli betonte, zu Röm 11,25–32, die Worte seien dunkel, bekannte aber doch deutlich, dass die Juden gerettet und durch Nachahmung der Christen zum Glauben geführt werden (Z 21, S. 74:14–75:30).

211 WA 11, S. 336:30–34; 315:3.

212 WA Br 8, S. 89–91.

213 Vgl. zum Umgang mit den Juden im Luthertum: Thomas Kaufmann, Luthers Juden, Stuttgart 2014, bes. S. 63–98.

214 WA 19, S. 595–610.

215 WA 53, S. 417–552, bes. 538:1–13. Vgl. Thomas Kaufmann (wie Anm. 213), S. 137.

216 WA 53, S. 580:7–9 und WA 50, S. 336:13–17.

217 Vgl. Heiko A. Oberman, Wurzeln des Antisemitismus, Berlin 1981, S. 44–47.

218 Johann Eck, Christenliche außlegung der Evangelien, Ingolstadt 1532, bes. folio CLr–CLIv und CXLVIIIr.

219 Allen I, S. 17:34–39.

220 Vgl. Guido Kisch, Erasmus' Stellung zu Juden und Judentum, Tübingen 1969, dessen Zitate Heiko A. Oberman (wie Anm. 217), S. 48–51 übernahm.

221 Allen, Ep. 1039.

222 Vgl. WA 7, S. 600:1–25 und wie Anm. 213.

223 Eusebius, Historia ecclesiastica; I,2–4; II,5; III,5–7.
224 LB VII, c. 157 C–E.
225 ASD V–1, S. 122–123, bes. 123:78–85.
226 ASD V–3, S. 52:393–398. Vgl. auch ebd., S. 62:614–620 und ASD–3, S. 251:619.
227 WA 18, S. 719:4–12.
228 WA 18, S. 685:25–686:2.
229 Vgl. LB IX, c. 1217 F; c. 1226 B; c. 1228 B–D, bes. D; c. 1229 A; c. 1230 A; c. 1242 F; c. 1246 C–D.
230 LB IX, c. 1245 C–D.
231 LB V, c. 610 F–611 A (vgl. Ps 79,10 und 2 Tim 3,12) und ASD V–1, S. 235:881–899.
232 Z III, S. 842:30–843:15.
233 WA 18, S. 708:4.
234 Christ-von Wedel (2003), S. 172f.
235 LB VII, c. 462 E.
236 LB V, c. 649 F–650 F; 651 F; 630 E–633 B.
237 Vgl. zum ‹göttlichen Gesetz› und zum ganzen Abschnitt: Christ-von Wedel (2013), S. 203–224.
238 Für Martin Luther, WA 6, S 553:22–555:30. Für Heinrich Bullinger, De sanctae scripturae authoritate, Zürich 1538, folio 41r; 56v–63v, bes. 57v und 62r. Für die Tradition vgl. Thomas von Aquin, Summa theol. I,2, q. 93 und 94, bes. 94 a 5. Vgl. Christine Christ-von Wedel, Zum Einfluss von Erasmus von Rotterdam auf Heinrich Bullinger (wie Anm. 91), S. 416–418.
239 Heinrich Bullinger, Der Christlich Eestand, Zürich 1540, folio C1v–D4v.
240 Vgl. Gen 19,30–38 und Petrus Lombardus, Sententiae 4, 33c1.
241 LB V, c. 637 E.
242 LB V, c. 643 A/B.
243 Vgl. zum Eheverständnis und Frauenbild: Christine Christ-von Wedel, Erasmus als Promotor neuer Frauenrollen, in: Hör nicht auf zu singen, hg. von Rebecca Gieselbrecht und Sabine Scheuter, im Druck und dies. (2003), S. 226–242 und (2013) S. 237–249.
244 ASD V–5, S. 320:190f.
245 ASD I–5, S. 392 und 400.
246 WA 10,2, S. 283:8 und 304:6–9.
247 WA 10,2, S. 294:27–295:26.
248 LB VI, c. 855 B–E. Vgl. Reeve (1993), S. 615.
249 LB V, c. 623–624 A, bes. c. 624 A. Vgl. Christine Christ-von Wedel, «Praecipua coniugii pars est animorum coniunctio». Die Stellung der Frau nach der «Eheanweisung» des Erasmus von Rotterdam, in: Heide Wunder (Hg.), Eine Stadt der Frauen, Basel 1995, S. 133f.
250 LB V, c. 620 E.
251 LB V, c. 651 D.

252 Vgl. Christ-von Wedel (2013), S. 203–215.
253 Gen 2,24; Mk 10,7; Eph 5,31; LB V, c. 620 B–D.
254 WA 30.3, S. 205:12–17.
255 MCR 23, c. XCVIII.
256 LB V, c. 623 B.
257 LB V, c. 620 D.
258 LB V, c. 686 A–C.
259 LB VII, c. 649/50.
260 LB VII, c. 895 E.
261 LB V, c. 616 B–617 C.
262 LB V, c. 674 F–675 A.
263 LB V, c. 675 F–676 A.
264 LB V, c. 675 C–677 E.
265 LB V, c. 661 B.
266 LB V, c. 663 C/D.
267 LB V, c. 686 C–E.
268 ASD I–3, 455:91.
269 ASD I–3, S. 304:107–127 und 309:290–292.
270 Allen, Ep. 2202:41; 2897:25–31.
271 Vgl. zum ganzen Abschnitt: Christ-von Wedel (2003), S. 238–242 und (2013), S. 246–249.
272 LB V, c. 742 E–F.
273 BRA III, Nr. 291, bes. S. 199:1 und 201:1–24.
274 ASD I–3, S. 629:6–45.
275 ASD I–3, S. 632:112–118.
276 ASD I–3, S. 633:149–155.
277 Ordnung so ein Ersame Statt Basel den ersten tag Apprilis in irer Statt und Landtschafft fürohyn zehalten erkant, [Basel] 1529, folio Ciijr.
278 Christenliche Reformation/ vnd Policey/ordnung Der Statt Basel, Basel 1637, S. 112–131; bes. S. 124f.
279 BRA III, Nr. 473, S. 400; zu Erasmus vgl. ASD VI–5, S. 208:394–398; ASD VI–7, S. 326:233–237; Allen, Ep. 1039:180–196 und ASD IX–1, S. 24:160–213.
280 BRA III, Nr. 473, S. 398; zu Erasmus: ASD VI–8, S. 144:773–190:619 und LB V, c. 668 B.
281 BRA III, Nr. 473, S. 400.
282 BRA III, Nr. 473, S. 391.
283 BRA III, Nr. 473, S. 386–387.
284 BRA III, Nr. 473, S. 388.
285 BRA III, Nr. 473 S. 386–388; 395f; 403.
286 BRA III, Nr. 473, S. 391:3–15, vgl. auch 394:25.
287 BRA III, Nr. 473, S. 400–403.

288 Übesetzung Walter Köhler, Erasmus von Rotterdam. Briefe, Darmstadt 1995, S. 487.

289 Allen, Ep. 2196:33–37 und 2158:49–82.

290 Allen, Ep. 2196:1–20.

291 Allen, Ep. 2158: 9–35.

292 ASD IX–1, S. 299:455–486. Vgl. zum ganzen Abschnitt: Christ-von Wedel (2013), S. 198f.

293 ASD IX–1, S. 293:282–287.

294 ASD IX–1, S. 300:495–519.

295 ASD IX–1, S. 299:455–486.

296 ASD IX–1, S. 302:558–626.

297 ASD IX–1, S. 301: 520–593.

298 Allen, Ep. 2522:20–51.

299 Vgl. Christine Christ-von Wedel, Erasmus zwischen den Glaubensparteien, in: Zwingliana 37 (2010), S. 21–40, hier: S 32.

300 ASD V–3, S. 304:617.

301 ASD V–3, S. 304:625–636.

302 ASD V–3, S. 304:640–643; vgl. Lk 9,23.

303 ASD V–3, S. 304:643–652.

304 ASD V–3, S. 305:656–662.

305 ASD V–3, S. 305:668–671.

306 ASD V–3, S. 311:880.

307 ASD IV–1, S. 211:399–414.

308 ASD IV–1, S. 214:474–521.

309 LB IX, c. 842 B.

310 De civitate Dei 15, 4 and 19, 7 (MPL 41, c. 440/441 und 634); Contra Faustum 22 74 (MPL 42, c. 447); Quaestiones in Heptateuchum 6, 10 (MPL 34, c. 781).

311 II causa 23 q I c. III–VII. (Ae. Friedberg (Hg.), I 892–894).

312 ASD VI–1, S. 166:960–970.

313 ASD IV–2, S. 87:611–614; 88:655–667.

314 ASD V–1, S. 165:930–938.

315 ASD IV–1, S. 162:843–851.

316 ASD IV–1, S. 163:870f.

317 Niccolò Machiavelli, Der Fürst. Aus dem Italienischen von Friedrich von Oppeln-Bronikowski, mit einem Nachwort von Horst Günther, Frankfurt 1992, S. 78.

318 ASD IV–1, S. 216:545–552 und ASD IV–2, S. 96:822–827.

319 ASD IV–1, S. 196:927–931.

320 ASD IV–2, S. 76:359–363; 78:417–420.

321 ASD IV–2, S. 84:550–556.

322 ASD IV–2, S. 88:636–638.

323 ASD IV–2, S. 86:578–581.
324 ASD II–7, S. 38:778–968.
325 ASD V–3, S. 76.
326 ASD V–3, S. 52, 390–393.
327 ASD V–3, S. 56:461; 68:758–762; 82:368; 62:614–620.
328 Allen, Ep. 1757.
329 Vgl. Irma Eltink, Erasmus-Rezeption zwischen Politikum und Herzensangelegenheit, Amsterdam 2006.
330 Allen, Ep. 2522:29.
331 ASD V–4, S. 254:181–187.
332 ASD V–4, S. 64:583–585.
333 Vgl. John W. O'Malley, Erasmus and the History of Sacred Rhetoric. The Ecclesiastes of 1535, in: ERSY 5 (1985), S. 1–29, hier: S. 13.
334 Johannes Rütiner, Diarium 1529–1539, Gerhard Rüsch (Hg.), St. Gallen 1996, I. S. 369f., Nr. 645.
335 HBBW V, Ep. 656:21–24.
336 WA Br. 7, S. 34:239.
337 Vgl. Bruce Mansfield, Phoenix of His Age. Interpretations of Erasmus c 1550–1750, Toronto 1979, S. 4.
338 Allen, Ep. 2988:75–79.
339 Allen, Ep. 3048:85–92.
340 Übersetzung von Emil Major, Die Grabstätte des Erasmus, in: Gedenkschrift zum 400. Todestag des Erasmus von Rotterdam, Basel 1936, S. 299–315, hier: S. 315.

Quellen und Literatur

Siglen

Allen: Opus epistolarum Desiderii Erasmi Roterodami, hg. von Percy S. Allen, 12 Bde., Oxford 1906–1958.

ASD: Opera omnia Desiderii Erasmi Roterodami, Amsterdam und Leiden seit 1969.

BRA: Aktensammlung zur Geschichte der Basler Reformation in den Jahren 1519 bis Anfang 1534 / im Auftrage der historischen und antiquarischen Gesellschaft zu Basel, hg. von Emil Dürr und Paul Roth, 6 Bde., Basel 1921–1950.

BSLK: Die Bekenntnisschriften der evangelisch-lutherischen Kirche, Göttingen 1959.

BSRK: Die Bekenntnisschriften der reformierten Kirche in authentischen Texten mit geschichtlicher Einleitung und Register, hg. von E. F. Karl Müller, Leipzig 1903.

Busa: S. Thomae Aquinatis opera omnia, hg. von Roberto Busa Stuttgart 1980.

Christ-von Wedel (2003): Christine Christ-von Wedel, Erasmus von Rotterdam. Anwalt eines neuzeitlichen Christentums, Münster 2003.

Christ-von Wedel (2007): Christine Christ-von Wedel, Erasmus und die Zürcher Reformatoren. Huldrych Zwingli, Leo Jud, Konrad Pellikan, Heinrich Bullinger und Theodor Bibliander, in: Erasmus in Zürich. Eine verschwiegene Autorität, hg. von Christine Christ-von Wedel und Urs B. Leu, Zürich 2007, S. 77–165.

Christ-von Wedel (2013): Christine Christ-von Wedel, Erasmus of Rotterdam. Advocate of a New Christianity, Erasmus Studies, Toronto 2013.

CWE: Collected Works of Erasmus, Toronto seit 1974.

ERSY: Erasmus Society Yearbook, Ann Arbor Mich. seit 1981.

H: Desiderius Erasmus Roterodamus. Ausgewählte Werke, hg. von Hajo Holborn, München 1933.

HBBW: Heinrich Bullinger, Briefwechsel (Heinrich Bullinger, Werke, 2. Abt.), hg. von Ulrich Gäbler u.a., Zürich seit 1973.

LB: Desiderii Erasmi Roterodami opera omnia, hg. von Johannes Clericus, Leiden 1703–1706.

MCR: Melanchthons Werke, in: Corpus Reformatorum, Berlin seit 1834.

MPG: Patrologiae cursus completus, hg. von Jacques Paul Migne. Series graeca, Paris 1866.

MPL: Patrologiae cursus completus, hg. von Jacques Paul Migne. Series latina, Paris 1844.

Reeve: Erasmus' Annotations on the New Testament. Facsimile of the final text (1535) with all earlier variants (1516, 1519, 1522, 1527), hg. Anne

Reeve, The Gospels, London 1986; Acts – Romans – I and II Corinthians, Leiden 1990; Galatians to Apocalypse, Leiden 1993.

WA: D. Martin Luthers Werke. Kritische Gesamtausgabe, Weimar 1883–2009.

WA Br: D. Martin Luthers Werke. Kritische Gesamtausgabe. Briefwechsel, Weimar 1930–1985.

WA Tr: D. Martin Luthers Werke. Kritische Gesamtausgabe. Tischreden, Weimar 1912–1921.

Z: Huldrych Zwinglis sämtliche Werke, in: Corpus Reformatorum, Bd. 88–108, Berlin und Zürich u.a. 1905–2015.

Nicht abgekürzt zitierte Titel

Actensammlung zur Geschichte der Zürcher Reformation in den Jahren 1519–1533, hg. von Emil Egli, Zürich 1879.

Biblia Sacra utriusque Testamenti, Zürich 1539.

Bullinger, Heinrich, Das der Christen gloub von anfang der waelt gewaert habe, der recht waar alt vnnd vngezwyflet gloub sye, klare bewysung, Zürich 1539.

— Der Christlich Eestand, Zürich 1540.

— De sanctae scripturae authoritate, Zürich 1538.

— Summa Christenlicher Religion, Zürich 1558.

Christ-von Wedel, Christine, Basel als Zentrum des geistigen Austauschs in der frühen Reformationszeit (Spätmittelalter, Humanismus, Reformation), hg. zusammen mit Sven Grosse und Berndt Hamm, Tübingen 2014.

— Basel und die Versprachlichung der Musik, in: Basel als Zentrum geistigen Austauschs in der frühen Reformationszeit (Spätmittelalter, Humanismus, Reformation), hg. zusammen mit Sven Grosse und Berndt Hamm, Tübingen 2014, S. 127–134.

— Bibelauslegung und -hermeneutik in der Reformationszeit, hg. zusammen mit Sven Grosse, im Druck, Berlin prbl. 2016.

— Das Buch der Bücher popularisieren. Der Bibelübersetzer Leo Jud und sein biblisches Erbauungsbuch, in: Jazyk a řeč knihy, ed. Jitka Radimská (Opera romanica 11), Budweis 2009.

— Das Buch der Bücher popularisieren. Der Bibelübersetzer Leo Jud und sein biblisches Erbauungsbuch, überarbeiteter Nachdruck, in: Jazyk a řeč knihy, hg. von Jitka Radimská (Opera romanica 11), Budweis 2009, in: Zwingliana 38 (2011), S. 35–52.

— Zur Christologie von Erasmus von Rotterdam und Huldrych Zwingli, in: Reformierte Retrospektiven, hg. von Harm Klueting und Jan Rohls, Emder Beiträge zum reformierten Protestantismus 4, Wuppertal 2001, S. 1–23.

— «Digna Dei gratia clarissima anachorita», in: Zürichs letzte Äbtissin Katharina von Zimmern. (1478–1547), hg. von Irene Gysel und Barbara Helbling, Zürich 1999, S. 137–184.
— Ein neuer Blick auf Erasmus von Rotterdam, S. 14–38; Erasmus und die Zürcher Reformatoren. Huldrych Zwingli, Leo Jud, Konrad Pellikan, Heinrich Bullinger und Theodor Bibliander, in: Erasmus in Zürich. Eine verschwiegene Autorität, hg. zusammen mit Urs Leu, Zürich 2007, S. 77–166.
— Eine Lebensgeschichte. Erasmus von Rotterdam, in: Schatzkammern der Universität Basel, hg. von Martin Wallraff und Sara Stöcklin-Kaldewey, Basel 2010, S. 65f und ebd.: Briefe des Erasmus, S. 70.
— Erasmus als Promotor neuer Frauenrollen, in: Hör nicht auf zu singen, hg. von Rebecca Gieselbrecht und Sabine Scheuter, im Druck, prbl. Zürich 2016.
— Erasmus in Zürich. Eine verschwiegene Autorität, hg. zusammen mit Urs Leu, Zürich 2007.
— Erasmus of Rotterdam. Advocate of a New Christianity (Erasmus studies), Toronto 2013.
— Erasmus und Luther als Ausleger der Bibel, in: Bibelauslegung und -hermeneutik in der Reformationszeit, hg. zusammen mit Sven Grosse, im Druck, Berlin prbl. 2016.
— Erasmus von Rotterdam zwischen den Glaubensparteien, in: Zwingliana 37 (2010), S. 21–40.
— Erasmus von Rotterdam, in: Jahresbericht 2013 der Freunde des Klingentalmuseums, S. 51–60.
— Erasmus von Rotterdam. Anwalt eines neuzeitlichen Christentums, Münster 2003.
— Haben die ungarischen Erasmianer auf Erasmus einen Einfluß ausgeübt? Zur Frauen- und Friedensfrage im Werk des Humanisten, in: Humanismus in Ungarn und Siebenbürgen. Politik, Religion und Kunst im 16. Jahrhundert, hg. von Ulrich A. Wien und Krista Zach. Siebenbürgisches Archiv, Bd 37 (2004), S. 135–154.
— L'influence d'Érasme sur l'antistes zurichois Henri Bullinger, in: Érasme et les théologiens réformés. Actes du Colloque international à la Maison d'Érasme à Bruxelles-Anderlecht, le 24 avril 2004, hg. von Émile Braekman, Collection des Études Historiques n.°11, 1. Brüssel 2005, S. 73–98.
— Johannes Zwicks «Underrichtung» neu gelesen. Zum Verständnis von Schrift und Gesetz zwischen 1521 und 1524, in: Historische Horizonte. Vorträge der dritten Emder Tagung zur Geschichte des reformierten Protestantismus, hg. von Sigrid Lekebusch und Hans-Georg Ulrichs, Wuppertal 2002, S. 93–103.
— Leo Jud als Beispiel für die Erasmusrezeption zwischen 1516 und 1536, in: Basel als Zentrum geistigen Austauschs in der frühen Reformations-

zeit (Spätmittelalter, Humanismus, Reformation), hg. zusammen mit Sven Grosse und Berndt Hamm, Tübingen 2014, S. 109–126.
— Das «Lob der Torheit» des Erasmus von Rotterdam im Spiegel der spätmittelalterlichen Narrenbilder und die Einheit des Werkes, in: Archiv für Reformationsgeschichte, JG. 78 (1987), S. 24–36.
— Die Nachwirkung des Neuen Testamentes von Erasmus in den reformatorischen Kirchen, in: Basel 1516. Erasmus' Edition of the New Testament, hg. von Martin Wallraff u.a., im Druck, Tübingen prbl. 2016.
— Das Nichtwissen bei Erasmus von Rotterdam. Zum philosophischen und theologischen Erkennen in der geistigen Entwicklung eines christlichen Humanisten, Basel 1981.
— Die Perikope von Martha und Maria bei Erasmus und den Reformatoren, in: Zwingliana 27 (2000), S. 103–118.
— «Praecipua coniugii pars est animorum coniunctio». Die Stellung der Frau nach der «Eheanweisung» des Erasmus von Rotterdam, in: Eine Stadt der Frauen, hg. von Heide Wunder, Basel 1995, S. 125–149.
— Das Schriftverständnis von Zwingli und Erasmus im Jahre 1522, in: Zwingliana, Bd. XVI, 2 (1983) S. 111–125.
— Das Selbstverständnis des Erasmus von Rotterdam als «Intellektueller» im städtischen Kontext des 16. Jahrhunderts. Beitrag für den internationalen Kongress «Stadt und Intellektuelle» in Prag, vom 10. bis 12. Oktober 2006, in: Documenta Pragensia XXVII (2008), S. 243–254.
— Der Tempel im Haus. Zur Bedeutung der geistlichen Hausmusik zwischen Reformation und Idealismus, in: Zeitschrift für Schweizerische Archäologie und Kunstgeschichte, Bd. 61 (2004) Heft 4, S. 257–272.
— Torheit und Häresie. Zum Moriae Encomium des Erasmus von Rotterdam, in: Religiöse Toleranz im Spiegel der Literatur. Eine Idee und ihre ästhetische Gestaltung, hg. von Bernd F. W. Springer, Alexander Fidora, Münster 2009, S. 103–116.
— The vernacular Paraphrases of Erasmus in Zurich, in: Erasmus Society Yearbook 24, (2004), S. 71–88.
— Wie weit reichte der Einfluss von Erasmus von Rotterdam auf Heinrich Bullinger? in: Heinrich Bullinger. Life-Thought-Influence (Zürich, Aug. 25–29, 2004 International Congress Heinrich Bullinger 1504–1575), hg. von Emidio Campi und Peter Opitz, Zürich 2007, Bd. I, S. 407–424.
Christenliche Reformation/vnd Policey/ordnung Der Statt Basel, Basel 1637.
Chronik des Fridolin Ryff, hg. von Wilhelm Vischer und Alfred Stern, Leipzig 1872.

Dunkelmännerbriefe. An Magister Ortuin Gratius aus Deventer, hg. von Karl Riha, Frankfurt a.M. 1991.
Eck, Johann, Christenliche außlegung der Evangelien, Ingolstadt 1532.

Meister Eckhardt, Die deutschen und lateinischen Werke, hg. von J. Quint, Bd. 3, Stuttgart 1976.
Eltink, Irma, Erasmus-Rezeption zwischen Politikum und Herzensangelegenheit, Amsterdam 2006.
Erasmi Opuscula, hg. von Wallace K. Ferguson, Den Haag 1933.
Erasmus von Rotterdam, Novum instrumentum, Basel, Froben, 1516.
Herr Erasmus von roterdam/verteutschte außlegung/über das/göttlich tröstlich wort vnsers lieben Herren vnnd seligmachers Christi/Nement auff euch mein Joch/und lernent von mir [1521].
Huizinga, Johan, Erasmus, deutsch von Werner Kaegi, Basel 1951.
Jonge, Henk Jan de, Erasmus and the Comma Johanneum, in: Ehpermides Theologicae Lovanienses 56 (1980), S. 381–389.
Kaufmann, Thomas, Geschichte der Reformation, Leipzig 2009.
— Luthers Juden, Stuttgart 2014.
Kisch, Guido, Erasmus' Stellung zu Juden und Judentum, Tübingen 1969.
Kobler, Beate, Die Entstehung des negativen Melanchthonbildes, Tübingen 2014.
Köhler, Walter, Erasmus von Rotterdam. Briefe, Darmstadt 1995.
Krans, Jan, Beyond What Is Written: Erasmus and Beza as Conjectural Critics of the New Testament, Leiden 2006.
Leu, Urs B., Aneignung und Speicherung enzyklopädischen Wissens. Die Loci-Methode von Erasmus, in: Erasmus in Zürich, eine verschwiegene Autorität, hg. von Christine Christ-von Wedel und Urs B. Leu, Zürich 2007, S. 327–342.
Machiavelli, Niccolò, Der Fürst. Aus dem Italienischen von Friedrich von Oppeln-Bronikowski, mit einem Nachwort von Horst Günther, Frankfurt 1992.
Major, Emil, Die Grabstätte des Erasmus, in: Gedenkschrift zum 400. Todestag des Erasmus von Rotterdam, Basel 1936, S. 299–315.
Mansfield, Bruce, Phoenix of His Age. Interpretations of Erasmus c 1550–1750 (Erasmus Studies), Toronto 1979.
Margolin, Jean-Claude, Erasme et le problème social, in: Rinascimento 23 (1973), S. 85–112.
O'Malley, John W., Erasmus and the History of Sacred Rhetoric. The Ecclesiastes of 1535, in: ERSY 5 (1985), S. 1–29.
Oberman, Heiko A., Wurzeln des Antisemitismus, Berlin 1981.
Ordnung so ein Ersame Statt Basel den ersten tag Apprilis in irer Statt und Landtschafft fürohyn zehalten erkant, Basel 1529.
Popkin, Richard H., The History of Scepticism. From Savonarola to Bayle, Oxford 2003.
Die Reformationschronik des Karthäusers Georg, hg. von Karl Buxtorf, Basel 1849.

Riggenbach, Christoph Johannes, Der Kirchengesang in Basel seit der Reformation, Basel 1870.

Rütiner, Johannes, Diarium 1529–1539, hg. von Gerhard Rüsch, St. Gallen 1996.

Rummel, Erika, Erasmus' annotations on the New Testament. From Philologist to Theologian (Erasmus Studies), Toronto 1986.

Rüsch, Ernst Gerhard, Vom Humanismus zur Reformation. Aus den Randbemerkungen von Oswald Myconius zum «Lob der Torheit» des Erasmus von Rotterdam, in: Theologische Zeitschrift 39 (1983).

Schilling, Heinz, Martin Luther. Rebell in einer Zeit des Umbruchs, München 2012.

Schoeck, Richard Joseph, Erasmus grandescens. The Growth of a Humanist's Mind and Spirituality, Nieuwkoop 1988.

Seidel Menchi, Silvana, Eine tragische Freundschaft. Julius, Erasmus, Hutten, in: Basler Zeitschrift für Geschichte und Altertumskunde 110 (2010), S. 143–164.

Slanička, Simona, Bastarde als Grenzgänger, Kreuzfahrer und Eroberer. Von der mittelalterlichen Alexanderrezeption bis zu Juan de Austria, in: Werkstatt Geschichte 51 (2009), S. 5–22.

Sowards, J. K., The Youth of Erasmus. Some Considerations, in: ERSY 9 (1989), S. 1–33.

Suppan, Wolfgang, Über Singen, Musizieren und Tanzen 1528 in der Steiermark, in: Leitmotive. Kulturgeschichtliche Studien zur Traditionsbildung. Festschrift für Dietz-Rüdiger Moser, Kallmütz 1999.

Treu, Erwin, Die Bildnisse des Erasmus von Rotterdam, Basel 1960.

Vanautgaerden, Alexandre, Érasme Typographe. Humanisme et imprimerie au début du XVIe siècle, Genf 2012.

Vocht, Henry de, History of the Foundation of the Collegium Trilingue Lovaniense 1517–1550, Löwen 1951.

Wackernagel, Rudolf, Geschichte der Stadt Basel, Bd. 3, Basel 1924.

Für weitere benutzte und für weiterführende Literatur zu Erasmus sei auf die Bibliographie der englischen Studie von Christine Christ-von Wedel von 2013 hingewiesen.

Zeittafel

1466/67	Geburt des Erasmus in Rotterdam (27./28. Oktober).
1478–1483	Besuch der Schule in Deventer.
1484	Eintritt in die Schule von 's-Hertogenbosch.
1487–1492	Im Kloster der Augustiner-Chorherren in Stein bei Gouda.
1492	Priesterweihe.
1493	Sekretärsstelle beim Bischof von Cambrai.
1495–1499	Studium in Paris, erste pädagogische Schriften.
1499–1500	Erster Aufenthalt in England. Erste Ausgabe der *Adagia*, der kommentierten Sprichwörtersammlung.
1501–1504	In den Niederlanden, Studium des Griechischen, Klassikerausgaben.
1503	Erasmus verfasst das *Enchiridion militis Christiani* (Handdolch des christlichen Streiters).
1504	Erasmus findet Vallas *Annotationes* zum Neuen Testament.
1505–1506	Zweiter Englandaufenthalt.
1506–1509	Italienreise, Promotion zum Doktor der Theologie.
1508	Große *Adagia*-Ausgabe bei Aldus Manutius.
1509–1514	Dritter Englandaufenthalt.
1511	Das *Encomium moriae* (Lob der Torheit) erscheint.
1514–1516	Aufenthalt in Basel, Freundschaft mit dem Drucker Johannes Froben.
1516	*Novum instrumentum*, Ausgabe des Neuen Testaments (überarbeitete Auflagen 1519, 1522, 1527 und 1535). Hieronymusbriefe und *Institutio principis Christiani* (Die Erziehung eines christlichen Fürsten).
1517–1521	Aufenthalt in Löwen, Gründung des *Collegium trilingue.*
1517	Dispens vom Leben im Kloster, *Querela pacis* (Die Klage des Friedens).
1517–1521	Paraphrasen der Apostelbriefe.
1521–1529	Aufenthalt in Basel, viele neue *Colloquien*, Kirchenväter- und Klassikerausgaben.

1522–1524 Paraphrasen der Evangelien.
1524 *De libero arbitrio* (Über den Freien Willen).
1526 *Christiani matrimonii institutio* (Belehrung über eine christliche Ehe).
1529–1535 Aufenthalt in Freiburg, weitere Kirchenväter- und Klassikerausgaben.
1529 *Vidua christiana* (Die christliche Witwe).
1530 *Consultatio de bello Turico* (Aufforderung zum Türkenkrieg), *De civilitate morum puerilium* (Über zivilisiertes Benehmen).
1533 *Explanatio Symboli* (Auslegung des Glaubensbekenntnisses), *De sarcienda ecclesiae concordia* (Über die Einheit der Kirche).
1535–1536 Wieder in Basel.
1535 *Ecclesiastes, sive de ratione concionandi* (Der Prediger, oder die richtige Art zu verkündigen).
1536 Erasmus stirbt in der Nacht vom 11. auf den 12. Juli.

Schwabe reflexe

reflexe 44
Urs Marti-Brander
Rousseaus Schuld
Essays über die Entstehung philosophischer Feindbilder
2015. 216 Seiten.
ISBN Printausgabe 978-3-7965-3445-4
ISBN E-Book (PDF) 978-3-7965-3463-8

reflexe 43
Eduard Kaeser
Artfremde Subjekte
Subjektives Erleben bei Tieren, Pflanzen und Maschinen?
2015. 165 Seiten.
ISBN Printausgabe 978-3-7965-3432-4
ISBN E-Book (PDF) 978-3-7965-3433-1

reflexe 42
Emil Angehrn
Die Herausforderung des Negativen
Zwischen Sinnverlangen und Sinnentzug
2015. 210 Seiten.
ISBN Printausgabe 978-3-7965-3400-3
ISBN E-Book (PDF) 978-3-7965-3401-0

reflexe 41
Cosimo Costa
Erziehung zum Willen
Epiktet für Leser von heute
Aus dem Italienischen übersetzt von Malte Osterloh.
2016. Ca. 280 Seiten.
ISBN Printausgabe 978-3-7965-3379-2
ISBN E-Book (PDF) 978-3-7965-3380-8

reflexe 40
Pierfrancesco Fiorato / Peter A. Schmid (Hg.)
«Ich bestreite den Hass im Menschenherzen»
Zu Hermann Cohens Begriff des grundlosen Hasses
2015. 180 Seiten.
ISBN Printausgabe 978-3-7965-3373-0
ISBN E-Book (PDF) 978-3-7965-3376-1

Schwabe reflexe

reflexe 39
Annemarie Pieper
Nachgedacht
Philosophische Streifzüge durch unseren Alltag
2014. 435 Seiten.
ISBN Printausgabe 978-3-7965-3358-7
ISBN E-Book (PDF) 978-3-7965-3359-4

reflexe 38
Maurizio Ferraris
Die Seele – ein iPad?
2014. 194 Seiten.
ISBN Printausgabe 978-3-7965-3333-4
ISBN E-Book (PDF) 978-3-7965-3334-1

reflexe 37
Martin Bondeli
Reinhold und Schopenhauer
Zwei Denkwelten im Banne von Vorstellung und Wille
2014. 117 Seiten.
ISBN Printausgabe 978-3-7965-3326-6
ISBN E-Book (PDF) 978-3-7965-3327-3

reflexe 36
Ernst Ziegler
Burckhardt und Schopenhauer
Eine Anthologie
2015. 110 Seiten.
ISBN Printausgabe 978-3-7965-3324-2
ISBN E-Book (PDF) 978-3-7965-3325-9

reflexe 35
Vittorio Hösle
Dantes *Commedia* und Goethes *Faust*
Ein Vergleich der beiden wichtigsten philosophischen Dichtungen Europas
2014. 76 Seiten.
ISBN Printausgabe 978-3-7965-3318-1
ISBN E-Book (PDF) 978-3-7965-3319-8

reflexe 34
Christoph Riedweg (Hg.)
Nach der Postmoderne
Aktuelle Debatten zu Kunst, Philosophie und Gesellschaft
2014. 311 Seiten. 72 Abbildungen.
ISBN 978-3-7965-3250-4

Schwabe reflexe

reflexe 33
Rolf Hochhuth
Invasionen
Zur Ethologie der Geschichte
Mit einem Nachwort von Johannes Rohbeck
2014. 231 Seiten. 1 Abbildung.
ISBN Printausgabe 978-3-7965-3253-5
ISBN eBook (PDF) 978-3-7965-3254-2

reflexe 32
Jean-Michel Wissmer
Heidi
Ein Schweizer Mythos erobert die Welt
2014. 168 Seiten. 10 Abbildungen.
ISBN Printausgabe 978-3-7965-3247-4
ISBN eBook (epub) 978-3-7965-3248-1

reflexe 31
Jean-Claude Wolf
François Fénelon
Gedanken zur reinen Gottesliebe
2014. 631 Seiten.
ISBN Printausgabe 978-3-7965-3242-9
ISBN eBook (PDF) 978-3-7965-3256-6

reflexe 30
Alexander Honold
Die Zeit schreiben
Jahreszeiten, Uhren und Kalender als Taktgeber der Literatur
2013. 293 Seiten.
ISBN Printausgabe 978-3-7965-3193-4
ISBN eBook (PDF) 978-3-7965-3241-2

reflexe 29
Rüdiger Görner
Hörgedanken
Musikliterarische Bagatellen und Etüden
2013. 135 Seiten.
ISBN Printausgabe 978-3-7965-2929-0
ISBN eBook (PDF) 978-3-7965-2930-6

Das Signet des 1488 gegründeten
Druck- und Verlagshauses Schwabe
reicht zurück in die Anfänge der
Buchdruckerkunst und stammt aus
dem Umkreis von Hans Holbein.
Es ist die Druckermarke der Petri;
sie illustriert die Bibelstelle
Jeremia 23,29: «Ist nicht mein Wort
wie Feuer, spricht der Herr,
und wie ein Hammer, der Felsen
zerschmettert?»